[美] 帕特里克·兰西奥尼（Patrick Lencioni） 著

理想的团队成员

识别和培养团队协作者的三项品德

The IDEAL TEAM PLAYER

HOW TO RECOGNIZE AND CULTIVATE THE THREE ESSENTIAL VIRTUES

A LEADERSHIP FABLE

闫秋华 译

電子工業出版社
Publishing House of Electronics Industry
北京·BEIJING

Patrick Lencioni:The Ideal Team Player: How to Recognize and Cultivate the Thr
Essential Virtues
ISBN:978-1119209591

版权贸易合同登记号图字：01-2016-4007

图书在版编目（CIP）数据

理想的团队成员：识别和培养团队协作者的三项品德 / (美) 帕特里克·兰西奥尼 (Patri
Lencioni) 著； 闫秋华译. — 北京：电子工业出版社, 2016.11
书名原文: The Ideal Team Player: How to Recognize and Cultivate the Three Essential Virtues
ISBN 978-7-121-30173-5

Ⅰ. ①理… Ⅱ. ①帕… ②闫… Ⅲ. ①企业管理－组织管理学 Ⅳ. ①F272.9

中国版本图书馆CIP数据核字(2016)第254841号

责任编辑：刘淑敏　　文字编辑：王斌
印　　刷：北京虎彩文化传播有限公司
装　　订：北京虎彩文化传播有限公司
出版发行：电子工业出版社
北京市海淀区万寿路173信箱　　邮编：100036
开　　本：880×1230　1/32　印张：7.125　字数：132千字
版　　次：2016年11月第1版
印　　次：2023年3月第9次印刷
定　　价：48.00元

凡所购买电子工业出版社图书有缺损问题，请向购买书店调换。若书店售缺，请与本
发行部联系，联系及邮购电话：（010）88254888，88258888。
质量投诉请发邮件至zlts@phei.com.cn，盗版侵权举报请发邮件至dbqq@phei.com.cn。
本书咨询联系方式：（010）88254199，sjb@phei.com.cn。

帕特里克·兰西奥尼的其他著作

《CEO 的五大诱惑》
(*The Five Temptations of a CEO*)

《CEO 的四大迷思》
(*The Four Obsessions of an Extraordinary Executive*)

《团队协作的五大障碍》
(*The Five Dysfunctions of a Team*)

《别被会议累死》
(*Death by Meeting*)

《克服团队协作的五种障碍》
(*Overcoming the Five Dysfunctions of a Team*)

《打破部门壁垒》
(*Silos, Politics, and Turf Wars*)

《痛苦工作的三个迹象》
(*The Three Signs of a Miserable Job*)

《困扰职业家庭的三个重要问题》
(*The Three Big Questions for a Frantic Family*)

《示人以真》
(*Getting Naked*)

《优势》
(*The Advantage*)

译者序

在企业管理中，人员选择、团队组建以及组织发展永远是值得探讨和研究的主题。在百度上搜索“领导力”这3个字，竟然跳出将近5000万条与之相关的信息。在这个知识爆炸的时代，如何能够清楚地看见领导之道的真正核心呢？帕特里克·兰西奥尼的最新力作《理想的团队成员》可以帮助你追溯源头。

翻译此书的初衷源于对帕特里克·兰西奥尼《团队协作的五大障碍》和《优势》的热爱。作为咨询顾问和高管教练，需要帮助企业来发展团队，使之成为具有凝聚力和执行力的高效团队。所以，我们在给企业做团队发展咨询项目时，经常运用他的《克服团队协作的五种障碍》这套体系，从而使团队在建立信任、掌握冲突、兑现承诺、相互负责和关注结果方面培养和发展高凝聚力、高协作的行为。在提升组织健康的项目中，他的优势咨询也使得看似高大上的战略可以一步步地落地执行，团队协作的清晰度和认同感逐步提高，从而降低组织的政治斗争和混乱不清的局面。这样，高凝聚力、高协作的领导团队才能够带领着团队和组织一起走向清晰和光明的未来，最终提升组织健康、建立良性的文化和提升组织的整体竞争力。

所有这一切的发生需要我们来培养和发展我们的团队成员，使之具有团队协作的态度、行为和能力。那么，如何来培养具有某些特征的理想团队成员呢？《理想的团队成员》一书中精辟地总结了理想团队成员所应该发展的三项品德：谦卑、渴求和聪慧。

在本书中，帕特里克·兰西奥尼秉承了他一贯的独特风格，从一则关于领导力发展的寓言故事开始，随着情节的展开，逐步地带领着大家来识别和发展理想的团队协作者的三项品德，并形成了相应的模型，帮助企业实现突破。之后，他又详细地阐述了这个模型在组织中具体的应用：招聘、评估现有员工、培养欠缺某项品德的员工以及组织文化建设。书中提供了非常实用的测评方法、强有力的问题清单和富有建设性的建议，让领导者们不仅找到了简单实用的流程，同时赋能于他们，使之在人员选择、培养和发展以及组织文化建设上做出更加正确的决定。最后，他也将《理想的团队成员》中的模型与《克服团队协作的五种障碍》中的模型系统地连接起来。

在吉姆·柯林斯的经典著作《从优秀到卓越》中，他探讨了关于成功的公司"让正确的人上车"的重要性。而

《理想的团队成员》这本书则清晰地定义了“正确的人”就是同时拥有谦卑、渴求和聪慧这三项品德的人。如果可以将这个模型运用到组织中，那么，就为打造高凝聚力、高协作的团队夯实了基础，从而推进组织健康和提升竞争优势。所以，无论你是企业领导者、团队的成员、员工，还是咨询顾问、培训师、教练和促动师，将此书和《团队协作的五种障碍》以及《优势》结合起来，系统地运用，将会对企业中的个人、团队和组织产生积极正向、意义深远的影响。

感谢电子工业出版社傅豫波副总编的信任、支持和校正。同时也感谢好友李牧先生的校对。当然，也要感谢我的家人和同事的理解和支持，给了我更多的时间和空间。

由于译者水平有限，难免会出现错误，如有谬误，敬请读者不吝赐教 。

译者简介：

闫秋华 ICF PCC高管教练。聚焦于领导力发展，企业教练，组织发展领域。她是Wiley“领越®领导力”的国际认证导师、Everything DISC的全球合作者、Table Group认证“克服团队协作的五种障碍”工作坊导师、“4D领导力”认证导师和组织者。在教练培养，中高层领导力发展，高管教练，提升组织健康方面具有丰富经验。

前言

如果有人让我列出关于一个人应该发展的、最有价值的品德清单，从而能够使之在工作和生活中如鱼得水、茁壮成长——我会将“成为一个团队协作者”列在首位。与他人有效的协作和为团队发展增加价值的能力在当今瞬息万变的世界中比以往任何时候都更为重要。没有这种能力，很少有人会在工作、家庭和任何社交场景中取得成功。

我敢肯定大多数人认同此观点：卓越的团队协作者凤毛麟角。问题的关键在于我们对于成为团队协作者的要求并没有明确的定义，从而使这个概念有些模糊，甚至有点过于模糊不清了。

对于团队协作，很多人只是嘴上随便说说而已，真正去做的人少之又少。在我的《团队协作的五大障碍》中，我解释了真正的团队协作需要践行踏实和具体的行为：基于弱点的信任、健康良性的冲突、积极主动的承诺、团队成员之间的相互负责以及聚焦共同的结果。值得欣慰的是，只要有充分的教练辅导、耐心和时间，多数人都能够学习接受这些理念。

然而，我必须承认有些人在成为团队协作者、接受这五种行为方面比另一些人做得更好。他们并非天生如此，只不过能从生活经历、职业生涯或者对个人成长的真心实意的承诺中，获得拥有使之成为理想团队协作者的三项基本的品德：谦卑、渴求和聪慧。这些词语看似简单，其实并非如此。想要有效地应用这些品德，首先需要理解这些品德细微的区别。

从过去 20 多年与领导者及其团队一起工作的经验中，我一次又一次地看到当团队成员缺乏这三项品德中的一个或多个时，想要打造高凝聚力的团队就会变得非常困难，在很多情况下，简直不可能。自 1997 年圆桌集团（Table Group）成立以来，我们一直在招聘和管理中运用这种方法。实践证明它既是一种行之有效的关键成功因素，也很好地解释了我们为何会失败的主要原因。因此，我们得出的结论：对于团队而言，这三项显而易见的品德就像速度、力量和协调性对于运动员一样重要——拥有它们，一切都会变得简单、容易。

这些都是无可辩驳的事实：那些能够识别、甄选和培养具有谦卑、渴求和聪慧品德员工的领导者将会更加具有竞争优势。他们能够更容易、更迅速地建立更强有力的团队，并且他们非常明显地减少与办公室政治、流失率和士气问题相关的使人们痛苦不堪的有形或无形成本。对于任何重视团队协作的组织来讲，拥有了这些品德的员工不仅更能体现其价值，而且在市场上更加具有竞争力。

这本书的初衷在于帮助你理解这三种简单特质的不同组合如何加速在组织或生活中建立团队协作的过程，从而使你能够受益匪浅，迈向卓越。

希望它服务于你，为你所用。

以此献给特蕾西·诺贝尔（Tracy Noble），是她在我写作过程中给予指导，并且每天活出谦卑、渴求和聪慧的状态。

目　录

CONTENTS

第 1 部分　寓言故事

1. 情景　　//003
2. 诊断　　//007
3. 发现　　//045
4. 实施　　//077
5. 指标　　//120

第 2 部分　模型与应用

理想团队协作者的三项品德　　//135
定义三个品德　　//137
模型的渊源　　//143

实际应用　//155

理想团队协作者模型与《团队协作的五大障碍》

有效结合　//200

最后的一点想法——超越团队之外　//204

更多资源　//205

致谢　//206

第1部分

寓言故事

1

情景

够了

在硅谷工作了 20 年之后，杰夫·尚利的体会已经够多了。没完没了的工作、堵塞的交通、自命不凡的炫耀……是该换种活法了。

公平地说，杰夫渐渐厌倦的并非工作本身。实际上，他很享受有趣的工作和令人自豪的职业。在高科技这个行业经历了几个公司之后，35 岁时，他与人合伙，共同建立了一家科技公司。两年之后，当董事会决定聘用他们、认为他们是成熟的 CEO 时，非常“幸运”的是他退居二线了。在接下来 4 年中，当时的 CEO凯瑟琳·彼得森教会了杰夫很多关于领导力、团队合作和商业生意，而这些是即使他在商学院学习 10 年也很难学到的东西。

当凯瑟琳退休时，杰夫离开了公司。在接下来的几年，他在位于硅谷山坡上半月湾的一家小型咨询公司工作。杰夫在那里找到了施展的空间，并且将要成为合伙人。在此期间，他和妻子渐渐地开始讨厌相互攀比的生活。

杰夫为变化做好了充分的准备。对他而言，他接下去会去哪里，做什么仍是个谜。当然，他并没有想到叔叔鲍勃的一个来电会给出答案。

鲍勃

在过去 30 年，鲍勃 · 尚利在纳帕谷一直是最知名的建筑承包商。无论是建造一家葡萄酒酿造厂、一所学校还是一家购物中心，只要在纳帕地区，他往往十拿九稳地会参与其中。

然而，他的孩子们对接手家族生意毫无兴趣。他们选择成为餐厅老板、股票经纪人或高中老师。这也是鲍勃打电话给他侄子的原因，看看他认识的人中是否有人在两年后自己退休时可能感兴趣接手他的生意。

鲍勃并非第一次向自己的侄子讨教建议。杰夫过去在不同场合帮助过他，事实上，一年前，杰夫在一个关于团队建设的重大项目上为其高管团队提供过咨询服务。团队协作是他们公司价值观之一，杰夫聚焦于公司高层，集中精力打造更高效的团队。

鲍勃对杰夫所提供的咨询服务十分满意，常常在家庭聚会时对他赞不绝口。通常会说一些类似“这个家伙是我最棒的军师”这样的话。他的堂兄弟们会打趣杰夫，假装要对老爸偏宠的杰夫打击报复。

鲍勃为杰夫考虑周全，他从来没有想过在高科技这样刺激的世界里成长起来的、雄心勃勃的杰夫会对建筑行业感兴趣。当杰夫问到“你会考虑聘用没有行业经验的人来接手吗？比如我？”时，他感到非常吃惊。

过渡

在一个月内，杰夫和莫琳·尚利卖掉了他们在圣马特奥的小房子，与两个孩子和一只狗搬到了纳帕北端山谷之外的一个小镇。从家里到山谷建筑公司的办公室仅有 6 公里。即使杰夫在限速驾车的情况下，也只需 7 分钟。

驾车途中，杰夫有一丝丝后悔。即使在家庭安排上，他做得有条不紊，但学习关于建筑行业的细枝末节的知识比他想象的要更有挑战性。或者，更准确地说，问题就在于他对细节知识的缺乏。

建筑方面的任何事情似乎到最后都会落到具体的、事务性的问题。那些滔滔不绝的理论辩论和不切实际做规划的日子一去不复返了。杰夫现在发现自己学习到了更契合实际的东西，从空调到下水道，当然，还包括混凝土。

不久，杰夫不仅非常习惯新的工作方式，而且实际上更喜欢它。与高科技相比，可能没有那么复杂，也没有那么高大上，但是对具体事情的直接沟通和完成，却使他更有成就感。

杰夫从叔叔身上所学习到的东西要远远超过他的想象。尽管叔叔从未上过大学，但是他似乎比任何与他共事过的高科技行业的 CEO 对商业的理解更加透彻。

在观察和学习了 8 周之后，杰夫认为搬来纳帕是正确的选择，那些在硅谷经历的高压时代已经结束了。

但他显然错了。

2

诊断

诀窍

鲍勃·尚利从来不畏首畏尾，这也是他的公司成功的原因之一。当别人瞻前顾后时，他一直果断决策，带领着公司勇往直前，茁壮成长。除了偶尔或者不可避免的经济下滑时期，鲍勃大部分的决定都能够为公司带来丰厚的长期收益。

公司现有两百多名员工，在纳帕地区，他是最大的雇主之一。从初级建筑工人到建筑工程师，大家对薪资都很满意。鲍勃给员工的福利也非常优厚，每年奖金会根据区域的经济情况和公司的发展而有所变化，没有人觉得报酬过低。

员工并不是山谷建筑公司的唯一利益方，鲍勃自己的一部分家庭成员也是公司的“私人股东”，他们在公司都有投资。30 年前，鲍勃的妻子和几个兄弟姐妹都曾在他建立公司时出资相助。杰夫的爸爸就是其中之一，他指望着从公司的投资中得到回报，确保其退休养老的生活。

在开始的几个月里，杰夫集中精力学习建筑行业的运营知识，包括日常业务和财务方面的内容——从物料采购和进度计划到拿许可证和核算人工成本。鲍勃决定再等几个月再教杰夫与公司财务状况和新业务发展相关的长期战略规划。尽管杰夫向他请教过这些事宜，鲍勃向杰夫保证，一旦杰夫对处理建筑行业的事务感到得心应手时，他会坐下来与他探讨公司的战略发展。

杰夫并不清楚这一天何时到来，他们之间的谈话会有多么超出意料之外。对此，鲍勃也并不知晓。

开诚布公

坐在纳帕河边的一家高档的烧烤餐厅里吃着午餐，鲍勃就直奔主题了。

“我真是赚到了。我非常高兴能够聘用你。对我和公司来讲，你已经是一个恩赐了。”

听到叔叔这么说，杰夫感到非常满意，可能因为这个反馈来自家庭成员。但他可以感受到叔叔还有更多的话要说。

“其实，我不会再等一年才让你掌管公司。我们现在就决定让你管理它。”

对于这个决定，杰夫措手不及，他想挡回去：“哇，我并不认为我们应该提前。”

鲍勃微笑着挥挥手，打断了他：“别开口就跟我说你还没有准备好，因为我知道这些。”

杰夫感到困惑。

“我不想你准备好，杰夫。我想让你感到兴奋，一点点紧张。对你来讲，这是好事。”

关于叔叔，杰夫似乎有点摸不着头脑。“好吧，在过去半年里，我想我非常兴奋，也非常紧张。我们为什么不——”

“因为我们不能。”鲍勃再次打断他，这次语气更加严肃。他停顿了一下，极不情愿地说出了下一句：“杰夫，医生说我的心脏有严重的问题，情况不太乐观。医生说的专业术语一半我都没听说过。我只知道我需要动手术，我的生活需要改变，立刻马上。”

就在此时，服务员过来点单，打破了此刻的气氛。鲍勃迅速地做出调整，恢复常态。他点了一份不加酱料的色拉和一杯水。接着，他就调侃杰夫：“但是如果你不要份排骨，我会在这儿踢你的屁股的。”

杰夫笑了，点了份排骨。服务员离开后，他问道：“你没事吧？”

“如果手术进行顺利，并且我谨遵医嘱，应该没事的。对我来讲，这样非常困难。这也是我必须放手生意的原因。”鲍勃停顿了一下，“我也不敢相信刚刚所讲的话。对于下周不能上班，我仍然感到震惊。但我不得不离开，尽管我并不擅长中途撂挑子。”

“手术安排在什么时候？”

“一周之后，除非有变化，他们会提前安排的。”

杰夫感到吃惊。

尽管鲍勃仍然表现出他招牌式的自信和幽默，但他对此事显然非常认真。

“坦白地说，杰夫，我真不知道如果你没来，我们该如何是好。”

杰夫点了点头，对鲍勃给予他信任很开心，但他并不喜欢谈话的内容。而且情况将会变得更加严峻。

屋漏偏逢连夜雨

杰夫决定详谈具体细节：“我讨厌这样做，但是我想是该聊聊公司的资产负债表和财务状况了。”

鲍勃心虚地点点头，从电脑包里取出了一些东西：“你需要的大部分，都在这儿了。”

杰夫太了解叔叔了，他开始感到有点不对劲。他探询道：“基于我目前的了解，我猜公司的状况都还好吧？”他的语调听上去更多的是提问，而非陈述。

鲍勃笑着，就像他经常告诉孩子们他不会将他们扔到泳池深处，而他偏偏做了的那样。“绝对良好，”他听起来并不自信，“但我需要跟你谈谈有些新的挑战和机会。”

杰夫的担心不无道理，他大笑道：“我想我并不喜欢听这些。”

“哦，你不用担心。行业如此。”

服务员送来了杰夫点的啤酒和鲍勃点的水。

“那么我们要谈的挑战和机会到底是什么？”杰夫问道。

鲍勃停止翻找他的电脑包，看着杰夫，眼神中既兴奋，又担心。

“杰夫，我们刚刚接了两个大项目。”

他停顿了一下，好让侄子消化一下这个信息，然后继续说道：“非常令人振奋。前几个星期刚刚跟你提过的山谷皇后医院的项目，周一已经通过了。昨天早上我刚刚又签了在圣海伦娜的新酒店项目。”他停下来，似乎挤出了一点笑容，“我们将要建两个大项目。”

杰夫有点困惑：“这是好事，对吗？”

“绝对是好事。”鲍勃回应说，但他的语调中并没有那么激动。

“上次我们同时进行两个项目是什么时候？”杰夫好奇

地问。

鲍勃满脸犹豫，低头看了一会儿水杯，然后抬起头对杰夫说："这就是关键。我们从来没有像这次这样同时进行两个项目。"他停了停，"事实上，我们从未做过两个这么大的项目。"

杰夫脸上所挂的笑容瞬间消失。他有点被震到，但是，更糟糕的消息还在后面。

承诺

杰夫深吸了一口气："好吧，我知道这听起来很难接受，我现在真的不想给你任何压力，鲍勃。但是，或许我们应该集中精力搞定一个项目，放弃另一个。我的意思是说，即使你来主持大局，对公司来讲都有些挑战。如果你用一个新的、经验不足的 CEO，有可能是个灾难啊。"

鲍勃点点头，喝了点水："我明白。"

杰夫想放松，却有种大赛将至的感觉。他猜对了。

叔叔的微笑凝固了："现实情况是，如果我们从医院的项目撤出，根据法律条款，我们需要支付一大笔违约金，并且酒店方已经支付了第一笔款项，而我们在橡树岭快要完工的购物中心项目恰恰使用的是这笔钱。"

杰夫现在开始浑身发热、感觉不好了。他喝了一大口啤酒。"所以，我们面临资金流问题？并且，如果我们不做，代价太大了？”

鲍勃点点头：“是的。对方也不会答应。”接着他笑了起来，“但是，只要我们的项目开始进行，我们的现金流就好办了。”

突然间，杰夫感觉并不欣赏叔叔的做法。

鲍勃试图让他开心，“你能做到的，杰夫。你比我更聪明、更年轻。你会得到足够的帮助的。”

杰夫的语调变了：“你在多久之前就知道这一切会发生的？”他开始有点控诉的味道了。

“嗯，就像我所说的，酒店项目昨天才签下来，医院的项目刚刚——”

“不，我说的是医生的诊断。”杰夫打断了他。

鲍勃一脸迷茫：“就在昨天下午。因为最近身体有点疼痛，所以我需要做预防性体检。”他睁大了眼睛，突然意识到杰夫的想法，“你不会认为我早就知道，然后给你下了个套吧？我不会这样做的，杰夫。”

鲍勃有些哽咽：“如果我知道我要放手生意，我绝对不会签合同的，我也不会置你于进退两难的境地。”

杰夫为叔叔以及自己竟然不信任他而感到难过，他还是忍不住问了下一个问题：“所以，你并不认为我能担当此任吧？”

“不，我不是这意思。我想说我并非故意将你推向这种境地。但是，并不意味着你作不好。你需要招聘更多的人，只是一个规模问题。一切都会好起来的。”

杰夫希望鲍勃真的这么想，他并不确信。

冒险一搏

杰夫没有喝完剩下的啤酒。他想他需要先回公司，利用下午的时间好好想想，聚焦梳理一下，有可能晚上也需要再思考一下。

鲍勃告诉侄子对于迫在眉睫的变化，他已经通知了两个高管，并且建议杰夫在午餐后直接去见见他们。杰夫认同并问他是否在管理公司上有绝对的自由。

鲍勃向他保证：“从现在开始，没有任何限制和条件。”

杰夫很高兴能够得到这个保证，之后，他与叔叔聊了聊健康和家人，没有任何生意上的事。谈话结束时，他站起来准备离开。这时，他为质疑鲍勃的意图表示道歉。

“我不怪你，”鲍勃向他保证，“换成我，我也会质疑的。”

突然，鲍勃微笑地凝视着杰夫：“你知道吗？最遗憾的事情就是我不能与你一起工作。”他尽量避免变得情绪化，“你可能并不知道，比起过去这些年，过去的几个月与你一起共事，我兴奋得多。”

杰夫给叔叔一个大大的拥抱，这丝毫无关生意。离开餐厅时，他心情沉重。

回公司的路上，他给两个需要仰仗的高管打了电话并且安排了下午的会议。他对公司的未来没有失去希望的原因之一就是他有这两位公司元老——克莱尔·麦西克和鲍比·布雷迪。

克莱尔是一位身材高挑、金发碧眼的女士，比杰夫年轻几岁，负责公司所有的行政工作，包括财务、法务和人力资源。她是公司历史上唯一的人力资源领导。7 年前，在鲍勃的私人律师劝说“没有人力资源部门就等同于置公司于法律纠纷之中”后，他才极不情愿地聘用了她。鲍勃坚持要找一个可以支持公司发展并对建筑行业感兴趣的人。他面试时会对候选人阐明自己的观点：“我不想要一些憎恨做生意的环保活动家来到公司，搞砸文化。”

很多候选人退出了筛选流程，但是，当克莱尔听到这些话时，她知道自己找到了归属。作为军人父亲和舞蹈老师母亲的女儿，在大学毕业之后，她就努力地寻找召唤着自己的事业。她对心理学和商业着迷，她不想随便找个工作，她认定人力资源可以给她提供兼而有之的最佳组合。

在加入山谷建筑公司之前的几年人力资源的经历有点无聊——那是一段充满了官僚的协议和煽情的工作坊的经历，克莱尔已经准备逃离出来了。当听说山谷建筑公司刚好有空缺，在与鲍勃·尚利谈了 20 分钟之后，克莱尔就下定了决心。

杰夫认识克莱尔有几年了，特别是通过与山谷建筑公司做团队建设的咨询项目，对她的了解更深了。在与高管做项目时，他很快就理解为什么鲍勃会喜欢她并且让她承担那么多责任。感谢上帝，当听说杰夫加入公司，她看起来很开心，所以，他认为他们可以一起合作良好。

面带微笑、胸像木桶、头发花白、52岁的鲍比·布雷迪在山谷建筑公司负责所有的现场运营。11年前在刚刚加入公司时，他就展现出温厚的好脾气。同事们觉得管理层有两个鲍勃很容易引起混乱。于是，大家就调侃着叫他鲍比。当然他非常了解名字取意于美国著名的情景喜剧的《脱线家族》（*The Brady Bunch*）中最小儿子的名字。

是鲍勃，还是鲍比，他无所谓，他用幽默自嘲和超人的魅力欢迎这个绰号，并且他想很快就会甩掉这个名字。使他惊奇的是，他很快就习惯了自己的新身份，并且发现这个名字能够帮助他与那些喜欢调侃他的承包商和供应商建立关系。

当然，这种关系对于他了解建筑行业的世态炎凉也非常有帮助。在他的职业生涯中，因为诚实、努力和及时交付项目帮他建立了良好的口碑，使他脱颖而出。

在回公司的路上，杰夫打电话给克莱尔和鲍比并邀请他们到鲍勃的办公室开会，他知道就在几个小时之前的早餐上，鲍勃已经告诉他们俩这个震惊的消息。杰夫非常好奇，也想了解，在只有几个小时考虑时间之后，克莱尔和鲍比对于新的安排会有何看法。他们的反应可能是他预想不到的。

戏剧性的变化

杰夫到了之后，克莱尔和鲍比已经在他叔叔的办公室等着了。这间办公室并不起眼，自公司成立以来，鲍勃拒绝任何现代化的升级和装修。他的妻子说这是 20 世纪 70 年代的建筑风格，却恰恰适合她的丈夫。

鲍比坐在一张巨大的木质办公桌后面，看起来并不开心。

“坐下，杰夫。”听起来像命令。

克莱尔先坐下：“杰夫，我想你知道我们并不会当面朝人微笑，背后说人坏话。不管你是否喜欢，我们都会直截了当的。”

在杰夫说“可以”之前，鲍比就接过话去了。

“事情是这样的，我们对于你要做我们的新老板并不非常开心。”

杰夫僵住了。他当天晚上告诉太太他当时感觉就像自己身处在恶搞电影的片场。

鲍比故意停顿了一会儿：“我在这儿已经累死累活地

为你那自吹自擂的叔叔工作了十多年，他又是如何对我的呢？难道就是把这个位置给他自己的侄子吗？”

杰夫感到震惊，想看看克莱尔是否对鲍比说出的刻薄的话有同样的感受。显然，她没有感到意外，因为她只是盯着试图为自己辩解的杰夫。

“听着，我并没有期望——”

鲍比打断了他：“我不想听你辩解。你来的时候就知道你会接手公司。在鲍勃招你来公司时，他也一定知道他会离开的。”

“不，他说他昨天才刚刚从医生那里了解实情，并且他——”

克莱尔这时打断了他：“杰夫，你觉得我们是傻子吗？”

似乎克莱尔有更多话要讲，但是她突然停下来，站起来，转头望向窗外。

鲍比看着她，脸上的表情既有关心又有失望，空气中凝结着更加紧张的情绪，他继续对杰夫摊牌道：“所以，情况是这样的。如果你作老板，我们就辞职。”

杰夫头晕目眩，无言以对。

一直愤怒的鲍比似乎被克莱尔分散了注意力，瞄了一眼她。

杰夫转过来，想探个究竟。这是，他注意到克莱尔身体颤抖着。

她在抽泣吗？他很纳闷。

“祝你好运，自己搞定公司，伙计！”鲍比站起来，向门口走去，“我们走，克莱尔。”

克莱尔终于忍不住了。她弯下身来，用双手手捂住她的脸，颤抖得更厉害了。

杰夫仍然困惑。

这时，他听到克莱尔憋不住发出的笑声。

“克莱尔！”鲍比向他的同事吼到。

她转身面向鲍比，然后大笑起来：“对不起，我实在忍不住了。”

“你演砸了！他刚才几乎信了！”鲍比朝着克莱尔摇着头。

终于，杰夫明白他们两个在整蛊他，耍了他。

“你们这两个浑蛋！”杰夫更多的是放松，而不是气愤。他笑着，顺手从面前的桌子上拿起一瓶水，向鲍比扔过去。鲍比接住了。

“承认吧，我们整到你了。”鲍比打趣地说道。

“对不起，杰夫，”克莱尔请求她的新老板，“是他让我干的。”

杰夫跟她开玩笑：“所以，我猜你会处理好自己的解聘合同？”

她岔开话：“鲍勃要是听到了，会生气的。”

“不，他不会的，”鲍比反驳道，“他会认为非常好笑。”

杰夫认同他：“是的，他会的。吹牛大王。”

黑色幽默

克莱尔想让大家安静下来：“我们为什么大笑？我们被坑了。”

听到这话，他们笑得更开心了，接着，他们开始考虑现实问题。

对于叔叔的病情，杰夫觉得情况有些糟糕。“你们认为他会好起来吗？”

突然，克莱尔为自己的新老板感到难过。“噢，我认为会好起来的。鲍比，告诉他你之前说过的话。”

“我哥哥几年前被诊断出同样的病并且做了同样的手术。只要他改变饮食习惯和生活方式，这个病并没有那么危险。”鲍比停了一下，好让杰夫有时间消化。“他应该会好起来的。”

对于叔叔，杰夫需要得到他们的肯定，当然，他自己也需要。

“你们刚刚所说的，是否是真实的想法，哪怕只是一点点。”在他们回答之前，他解释说：“我的意思是说，你们俩认为谁应该得到 CEO 的职位？”

杰夫高兴地听到鲍比先开腔：“你开玩笑的吧？如果鲍

勃让我做 CEO，我就辞职。我知道我擅长哪些工作，这个不是我的菜。”他环顾了办公室一圈，说道：“我是喜欢在工地跑的那种人。”

克莱尔插进来：“我喜欢让鲍勃出头露面，我不适合坐他的位置。”

“好吧，但是，对于我坐那个位置，你们感受如何？”

“嗯，如果不承认有顾虑担心，我那是在撒谎。”克莱尔带着一种直言不讳和关爱有加的口吻说道。

鲍比接着说：“我们像你一样担心，我的朋友。但我们并没有想到比你更合适的人选。就目前让人抓狂的情况来看，你可能是最佳的选择。”

“你为什么会这样说呢？”

克莱尔答道：“因为我们需要一个我们熟知并信任的人。没有一个空降兵可以过来就能够搞定。并且，你有投资，你是家庭成员。”

“还有，你不是个浑蛋，”鲍比宣称，没有搞笑的意味，“你是个好孩子，又善于倾听。我们知道你可以领导我们。”

杰夫从来没有想到“你不是个浑蛋”这样的话也是一种认可，包括他已经 40 多岁了还会被认为是个孩子。

“好吧，感谢你们能这么想。但我必须再问一个重要的问题。”他停顿了一下，“让我成为公司的领导，你们准备好了吗？你们的员工准备好了吗？”

克莱尔和鲍比看了看彼此，然后面对杰夫。

“绝对准备好了。”鲍比宣称。

克莱尔赞同地说：“我们也一样。”

杰夫松了口气：“好吧，你们是想蹭个晚餐才这么说的吧？”

第一次会议

坐在距离办公室几个街区的玛丽亚墨西哥餐厅里的一张大桌子旁边，杰夫和直接向他汇报的新下属将盘子和餐具挪到一边，腾出地方放文件。因为是工作日的晚上，加上那里的菜也不是那么出色，餐厅里没有太多人，他们感觉非常自在，就像在自己的地盘上。

“好吧，我们现在不要陷入太多的细节。”杰夫解释道，“让我们先找出我们撬动工作所需要的最长杠杆吧。”

鲍比和克莱尔没有马上回应，所以他又澄清了一下。

“我说的是重中之重的事，比如财务、人员、物料。”

这时，他们点头表示赞同，并且异口同声地说道：“人员。”

杰夫吃着东西，示意他们做更多的解释，鲍比就先说了。

“我们至少需要先加人。”他稍作停顿，脑子里迅速地计算着，“在接下来两个月，需要增加 60 个员工。”他看看克莱尔，希望获得确认。

她叹了口气，表示认同。

“我们需要增加哪些人？”杰夫问，“钉钉子的员工、项目经理、领班？”

“是的，”鲍比毫无幽默地回应道，“所有岗位都需要。”

克莱尔加了一句：“我们得先招聘 4 个关键岗位。医院项目的项目经理、2 个领班和 1 个高级工程师。”

“3 个领班。”鲍比纠正道。

“好吧，可能是 3 个领班。并且我们在各个方面还需要 6 个主管和大概 50 个承包商。”她摇着头，仿佛并没有意识到情况的严重性，直到看了清单后说：“简直疯了。”

杰夫将这些数字写在记事本上。

他们在接下来的 30 分钟里探讨了所需要填补的具体岗位以及如何有效部署使用他们。

杰夫决定往下进行。“好了，除了招聘之外，还有什么？”

这 3 个高管花了将近 2 小时完成了 2 个大项目的具体细节，从许可证和计划到设计和原材料。

杰夫觉得在从工作的头 60 天里学到了很多知识，但是他后来承认，与前两个月相比，在玛丽亚餐厅的 3 小时，他学到了更多。这次经历就像建筑管理的速成班，他被新的紧迫性激发，同时也深感担忧。

到了晚上 9:00，他决定结束会议："我们别刚刚开始竞赛，就把自己搞得精疲力尽了。"

他们约定，第二天下午在鲍比从橡树岭现场回来之后，他们再开会。那是山谷建筑公司正在试图结束的一个问题不断的购物中心项目。

重组

回家路上，杰夫打电话给鲍勃叔叔家的小儿子本。他一直是杰夫最喜欢的堂弟，就像鲍勃是他最喜欢的叔叔一样。腰围虽不像老爸，但本的人品性格却跟他一模一样。

本是位于圣海伦娜山谷上的一所高中的历史老师，也是篮球教练。尽管还没到 40 岁，作为教练，他已经是个传奇人物了。他所辅导的团队似乎总是能够赢得超出他们能力的比赛。

杰夫决定不谈任何关于生意的敏感事情："对于你爸爸的情况，你感受如何？"

本并没有太过于担心："我还行。我很高兴他能及时检查并发现病情。根据医生所言，只要他不胡吃海塞，没有工作压力，应该没问题。坦白讲，我可能更为你担心。"

"我？"杰夫真的感到诧异。

“是的，我爸不再管生意了，我不知道你的感觉如何。你认为山谷建筑公司会发生什么？”

有那么一会儿，杰夫吃不准本是更担心他的堂兄，还是自己的经济利益。

“嗯，会有点儿艰难，但在今晚与克莱尔和鲍比开会之后，我认为我们会有办法的。”杰夫表现得比实际感受更有信心。

“我希望我能够助你一臂之力。”本看起来很诚恳。

“是的，我对支持和帮助来者不拒。你对于业务有何高见？”

“我对老爸所做的生意知之甚少，真希望我能了解更多。但如果你想组织个公司篮球队，我倒是愿意随时听候调遣。”

杰夫大笑：“好吧，嘿，如果需要我为你爸妈做些什么，就尽管开口。”

“我会的。最重要的事情就是为他们祈祷吧。”

“你知道我会的。”

本微笑着说：“我们都非常感激你现在为爸爸所做的一切。公司对于家庭的意义重大，并不仅仅是经济方面。”

“当然了。”杰夫应答着，尽力掩盖着他正在感受到并持续增加的压力。

两兄弟说好一周之后在一家咖啡馆再聚聚。当杰夫把车开到车道上时，他们结束了谈话。

自从知道这一切之后，他还没有来得及跟妻子莫琳谈过，他想当面告诉她。她常常会为他提供不同视角的观点、同理心和积极乐观的精神。通常，杰夫对乐观的精神心存感激，但今晚她并没表现出丝毫担心，他倒有些失望了。

“我一样为鲍勃感到难过，但这个工作其实对你来说是个好事情。”莫琳解释说。

杰夫看着她，仿佛她疯了。

她澄清道：“听我说。我爱这里，环境很安静，上班路程很短，我们能见到你的时间更多。但是你需要挑战。”

“我不知道，”他深吸一口气，“这个挑战可能是与家庭的关系太近了。”

她看起来有点吃惊：“你指的是家庭事务？”

他点点头说：“我从来没想过我在工作上的成功与否会影响家庭关系。更糟糕的是，如果我搞砸了，我老爸也会知道。”

莫琳打消了他的这些念头：“别犯傻了。他们都会给你加油喝彩的。没人把你当超人。一件一件地把事情做好就行了。”

杰夫想争论，但知道她说得对。对于公司大局想得太多会给自己太多压力。一次处理一件事情还是可以做好的。

首先，也是最重要的事情，就是准备第二天的会议内容。

处境糟糕

清晨上班的路上，杰夫绕行到了橡树岭工地现场与鲍比和员工们打个招呼。当他将车停到临时的移动办公室前，他没有看到鲍比的车。

“他 5 分钟之前刚刚离开。”站在移动办公室前的员工告诉他。

杰夫决定在现场转转，尽可能多地与员工打声招呼，更好地了解他们的情况。自从加入公司之后，他并非第一次来到施工现场。他也养成了一个习惯，就是每周都会去几次现场。但是，他从未来过橡树岭，主要是因为这是个即将完工的项目，并且与其他处于早期的项目相比，学习机会没那么多。但是杰夫正在学习新的内容，并且要从 CEO 的视角来看事情，即使现在没人知道他就是他们的新老板。

当他回到办公室时，鲍比和克莱尔正坐在鲍勃叔叔办公桌边等着呢！

“嘿，我以为你整个上午都会在橡树岭呢。”杰夫对鲍比说，“我们俩差几分钟就碰上了。”

克莱尔把她的笔记本电脑递给杰夫并放在他面前，“你过一下目，我们今早需要发出去。”她带点忧伤地解释说。

杰夫很纳闷，不过还是说：“好吧。”他坐下来阅读鲍勃发给全体员工的邮件。邮件非常感人，解释了他的身体状况，对公司和对一起工作的同事的热爱，以及对于自己离开的伤感。杰夫眼睛里含着泪水。鲍勃同时也宣布对于任命杰夫为公司新的领导人感到非常高兴。他还强调克莱尔和鲍比也向他表达了对杰夫的信心。

杰夫读完后，抬头看着鲍勃和克莱尔，他们也曾为鲍勃感到担忧并对公司感到担心。

“鲍勃本来想发个视频，”克莱尔解释说，“但是他决定不这么做了，因为他会非常情绪化，害怕情绪失控。”

“为了打消你的顾虑，他说他对你抱有信心是真实的。”鲍比加了一句。

杰夫顿时觉得受不了了，绝大多数是因为感激，但同时也有压力。他永远都不会忘记那一刻。

感谢上帝，克莱尔打破了沉寂。

“好吧，伙伴们，我们要开工了。”她停顿一下并深吸一口气，“鲍比，橡树岭的情况如何？”

“进展顺利，这也是今天可以早点来这里的原因。我想我们应该尽早开始。”

杰夫移到他的办公桌前并打开他的记事簿：“那么好吧，我们先来谈谈人员招聘。”他看一眼他的笔记，“基本上，我们要在 8 周时间内招聘 60 个人员。”

鲍比皱了一下眉：“噢，别说 8 周。两个月吧，听起来时间有些长。”接着他纠正老板，“看起来需要 80 个人。”

杰夫茫然了，盯着笔记说：“等等，昨晚你说的是 60 个人。”

克莱尔解释道：“我们说项目需要60个人。要确保项目，我们至少需要招聘 80 个人。”

“为什么？”

“我们会陆续地流失掉至少 20 个人。”

杰夫感到震惊：“那是 25% 的流失率啊。”

“我们可以算一算，聪明的家伙。”鲍比开着玩笑。

杰夫看着克莱尔，说：“建筑公司是这样的吗？为什么我之前没有听说过？”

她解释道：“建筑行业的人才流失非常普遍。但比起其他公司，我们的流失率更高些。”

“为什么？”

“因为我们对员工的行为要求更高。鲍勃不能容忍那些不符合公司文化的员工。“

“你是说团队协作吗？”杰夫问。

克莱尔和鲍比点头示意。

杰夫决定暂时先放一放流失率的问题。“好的，”他叹了口气，“我们到哪里招人呢？让我们先从需要钉钉子和倒水泥的一线员工开始。”

克莱尔解决了这个问题：“这个问题可以解决。我们有资源，如果需要，我们通过转包商和短期服务公司来满足这种低端工种的需求。我们会多花点钱，但这是我们急需解决的重要问题。”

“领班和项目经理怎么样？”

“嗯，这个有点麻烦。我们几个月前刚刚流失了两个领班，所以我们的进度已经有点滞后了。”

“是吗？发生了什么？”

“你知道橡树岭差不多要延后一个月，基于我们现在面临的问题，还不算太坏。因为现场气氛‘有毒’，我们最棒的两个领班辞职了。”

杰夫马上担心起来：“你不是说现场真的有毒吧？”

“不是，我的意思是文化氛围恶劣激化。我们有个项目经理很难相处，再加上有几个领班态度强硬，使得事态更加恶化。有段时间，在那里的日子不好过。”

“怎么会这样呢？”

鲍比插嘴说道：“一个小组对另一个小组的指责，多数都是关于谁偷懒少干和谁尽心尽力。”

“那难搞的项目经理是怎么回事？他做了什么？”

“是她，”克莱尔解释道，“南希·莫里斯，她熟视无睹。只是告诉大家要和谐相处，完成本职工作。结果情况变得更糟。”

“谁被炒掉了？”杰夫想知道。

鲍比怯怯地解释道："没有人。当那两个领班辞职时，我们不能再失去任何一个人了，即使我们想这么做。简直是一团糟。"

杰夫不愿让人听上去是在评判他们："所以，我们仍继续留用差劲的项目经理和领班吗？"

"很遗憾，是的，"鲍比回答道，"我们需要更多的人员。"

这时，杰夫忍不住流露出他的沮丧："我估计我们去年所做的团队建设根本没用。"

克莱尔现在开始辩论了："等等，这样说并不公平。鲍勃非常认真地对待这事，我们也是。他总是说与其让一帮玩弄权术、以自我为中心的人在这里工作，还不如把公司卖了。"

鲍比接着说："我并不是说团队建设不过是一些海报和 T 恤衫。你帮助我们做了关于信任、良性的冲突、担当责任的工作坊，我们只是太忙，没顾得上，没有贯彻到组织各个层面。这可能是我的错，因为大部分人在我的团队工作。"

"我也应该早就预料到的。"克莱尔承认自己也有错。

杰夫仍没有信服，但是试图聚焦。"那两个领班去哪里了？离开的那两位。"

"他们在纳帕谷的那一边做着合同工，"鲍比解释说，

“住宅项目。”

“他们真的很棒吗？如果是，我们能将他们再招回来吗？”

鲍比耸耸肩：“我不敢确定。”

杰夫皱了皱眉头：“你的意思是说你不敢确定他们是否真的很棒？”

鲍比摇摇头：“不是的，我不知道我们能否招回他们。至于他们是否表现很棒，我想应该看你如何定义了。”

“嗯，关于团队协作，他们如何？”看着克莱尔，杰夫问到。

她耸耸肩：“这也取决于你问谁，但是我们认为他们经验丰富，技术过硬。”

对于他的同事缺乏清晰度，杰夫非常焦虑，他没有时间再犹豫不决了。

直击问题

“好吧，那我就直截了当了。如果你们讲得都对。”杰夫试图压住火，礼貌地讲。

鲍比和克莱尔互相看看彼此，脸上挂着一丝担心，然后他们点点头。

“你们，还有鲍勃，在团队建设方面的确失职，掉链子。”

他们没有说话，杰夫接着讲下去，这次针对鲍比：“你说团队建设不仅仅是几张海报和几件 T 恤衫，但它又是什么呢？”在他们回答之前，他继续说，“当你们谈到团队协作者，你们似乎并不知道它真正的含义。所以你们不可能知道我们需要谁做改变，谁应该留下来，谁应该离开。”

“我们并非——”克莱尔想做解释，但杰夫没有给她机会。

“噢，等等，我还忘了。”杰夫说话带着刺儿，但并不粗鲁，“对于一个人是不是浑球，你们的确有一个清晰定义。”

他们都笑了，但是带着愧疚。

过了一会儿，鲍比说了些让人意外的事。

“事实上，叫他们笨蛋或者狗娘养的，可能也正确。无论如何，我就是这么想的。”

杰夫笑了：“让我们暂且称他们浑球好了。所以，你们如何知道一个人是不是浑球？又如何避免招到他们？”

克莱尔先开了腔：“我想在你与他工作一段时间之后，你就会知道。”

杰夫摇着头说道：“恐怕为时已晚啊。你知道当你让一个浑球在团队里长时间待着，会发生什么吗？”

他们没有作声，于是他自问自答道：“不是浑球的人就会离开。”

他可能朝鲍比肚子上给了一拳，因为鲍比脸上露出痛苦的表情。

看着克莱尔，鲍比大声说："卡尔和佩德罗就是这样离开的。"

克莱尔向杰夫解释说："他们俩就是已经离开公司的领班。我不知道卡尔情况如何，但是我敢确定佩德罗不是浑球。南希和其他一些在她团队的人，我不敢确定。"

"你们看到了问题，对吗？"

他们点头同意，克莱尔调侃地提议："我们或许应该做个新标语'谢绝浑球'，那会是个超级棒的海报。"

鲍比拿起笔，开始写着："我马上就办。浑球怎么写？"

没有理会同事的幽默，克莱尔似乎受到启发："你知道的，我们总是依赖鲍勃来了解谁适合、谁不适合公司。他有自己一套识人的方法。即使这样，他也没办法确保所有的人都适合我们公司。并且他没有可能来做所有层级的面试并甄选所有的候选人。我想这就是掉链子的地方。"

杰夫仿佛突然间充满了活力："嗯，我想我们已经很清楚了。我们必须停止招聘那些没有团队协作精神的人，并且我们必须找出还有多少非团队协作者依然在我们这儿工作。他们要么做出改变，要么必须离开。"

他停顿了一下，看了看他的笔记："因为，如果我们不这样做，我无法看到在接下来的 18 个月内我们能够完成酒店和医院配楼的建设项目。"他又停了一下，深吸一口气，

“我讨厌这么说，但是如果我们做不到这些，我不知道我们将如何能够使山谷建筑公司在行业中生存下去。”

现场调查

杰夫决定午餐时间返回橡树岭，看看工地情况。“从不同的视角去看看。”他向克莱尔和鲍比解释。

去工地的路上，他打电话给他的堂弟本。

“嘿，记得我们约过下周找时间喝咖啡吗？”他没有等对方回答，“改成今天下午如何？”

本嘲笑着说：“你就这么想我啊？”

“你知道我是想你的，并且还想问一些问题。”

“关于公司的？”

“有点，但并不全是。见面时，我会详细说明的。3:30 如何？”

“4:00，咋样？我 3:45 才下班。”

“在星巴克吧。高速路下来，靠近 A&W 餐馆的那家。”

刚挂电话，他就到了橡树岭的新购物中心。“我喜欢这里，一切都很近。”他心里想着。

因为建筑工人比普通人上班更早，所以他们吃午餐也早些。尽管刚刚过了午时，每个人都已就位了。于是，杰夫就径直走到了移动办公室看看谁在。南希·莫里斯正坐在办公室一角的简易办公桌后面，翻着文件。

“打扰了。”杰夫打断了她。

南希瞅了他一眼，没有说话。

“你好，我是杰夫。”

她应了一声，就像应付一个水泥供应商：“噢，我知道。我们在办公室见过一次。进来吧。”她朝放在她桌子另一边的折叠椅示意了一下，脸上没有笑容，“我想我该祝贺你高升啊。”

“嗯，我希望不是在这样的情况下担当此任，不过，还是谢谢你。”

“需要帮忙吗？”

“嗯，我只是在想你是不是个浑球。”杰夫嘴上没说，心里却这样想着，他采用了一种不明显的方式：“这里情况如何？”

南希继续翻阅着她的文件，回答说：“嗯，这要看你的意思了。”

对于她的鲁莽，杰夫有点吃惊，也有些不爽。在高科技行业，从来没有这种经历。

南希长着妩媚动人的外表，与杰夫相似的年龄，比他矮将近 30 厘米。杰夫判断她可能在跟他较量，较量的并非个头或者其他什么方面，而是她的态度——一种混杂了强硬和自信的态度。

杰夫知道现在不是示弱的时候。“嗯，首先，对于我们新设定的最后期限，你有多少信心？”

“我负责的部分看起来还好，但你需要问问克雷格。他是另一个项目经理，负责人造景观和城建方面的工作。”

“所以，你并不知道他做得如何？”

她摇着头说：“不知道，最近很少见到他。”

杰夫不想继续这样的交谈，但不能就此罢休：“南希，我认为，你应该了解整个项目。如果我们再次错过了最后期限，不论哪个部分晚了，都没用了。”

南希朝上看了看，吸了一口气：“听着，克雷格甚至不再邀请我参加他们的会议。所以，我也懒得麻烦，埋头工作，不管不问。我真的希望我们可以按时完成项目，但是情况很糟糕。什么时候结束了，我就开心了。对不起，可能听起来不好听，但是现实就是这样。”

杰夫有些感激她的坦诚，但更多地认为她过于生硬粗暴。

“你知道克雷格在哪儿吗？”

她摇摇头：“让我猜的话，他应该在大门口，靠近停车场那里。我在 1 小时之前看到他在那儿。”

杰夫离开了，心想要找个时间好好考虑南希的问题。

两面之词

杰夫刚好认识克雷格，因为他们的孩子在同一所学校，并且他们刚刚在几个星期前的圣玛丽教会年度国际夜一起喝过啤酒。

克雷格注意到杰夫朝他走过来，他就从站在大门口的工人群中，走了出来。

“一天两次视察，”他微笑着说，“一切都好吗？”

对于克雷格见到他看起来很高兴，杰夫感到开心。“是的，一切都好。我只是想知道这里的进展如何。”突然，感觉他应该更直接，杰夫纠正自己说：“其实，事情可能并不好。我不知道。”

克雷格关心地问：“我可以帮到什么？”

“嗯，我刚刚和南希谈了话，看起来，你们之间有点问题。”在克雷格插话之前，杰夫紧接着说：“现在，我也知道几个月前两个领班辞职了，所有这些，鲍比跟我简单介绍了一下。我想知道你的看法和为什么你和南希合不来。”

克雷格皱着眉头：“你希望我有多坦诚？”

“有人让你不坦诚吗？”

“我想没有。”克雷格微笑着，“但是我可以给你老道的正确答案，也可以直话直说。”

“直话直说。”

“好的。那个女人，”他说，指着停车场那边的办公室，“的确很有问题。我的意思是说，她知道如何干专业的活，我认可她。但是她不容易相处，没有人能跟她好好相处。”

杰夫只是聆听，克雷格继续说着。

“她的人辞职，她就抱怨我们的人，但人员流失正是因为她自己，并非其他原因。我们的确对于他们的延误很严厉，但绝大多数原因是因为没有人能够跟她一起共事。我讨厌这样说，”他有些犹豫，“但是，她就是个老巫婆。”

杰夫没有笑：“我不太确定老巫婆到底是什么意思，克雷格，再具体一点。”

“对不起。她令所有的人生气。她说话的方式、行为举止、面部表情。见鬼，即使她的供应商都不愿跟她打交道。”

“这就是你不让她参加你们会议的原因吗？”

克雷格笑了：“她告诉你的？”

杰夫点点头。

“我并没有说她不能来参加我们的会议，”克雷格解释说，“我对她说如果她来的目的就是搞得所有人都不开心，那她就不用来了。”

“你认为她是故意的吗？”杰夫大声地说。

克雷格叹了口气说：“我不知道。但是对于那种让任何人都感到不爽的人大概也不是偶尔为之吧。”

“那么，你呢？”

克雷格一脸茫然：“你是什么意思？”

“你作了什么让她生气？”

他想了一会儿，然后回应说：“我不知道。我想我没有那么容忍她的态度。我应该在她不来参加会议时，坐下来跟她好好谈谈，重新建立关系。”

“但是，你刚刚说过对专业她还是很在行的。”

“是的。”他耸耸肩，“她非常擅长分析解决问题并且做事有条不紊。”

“她很自大？”

克雷格抽搐了一下，挠挠头：“你知道吗？她的确属于非常令人讨厌的那种人，但我不能说她是自我主义或以自我为中心。就是那么怪。她就是个眼中钉，不论她知道与否。”

那句“无论她知道与否”让杰夫有点不解。

尽管杰夫还是像半小时之前那样困惑，但是他感觉到了一股新的能量。这是他之前在做顾问工作时常有的感觉，就像一个侦探在努力侦破案件一样。或许事情根本没有那么糟糕，他想着，也期望着。

彻底搜索

杰夫再次回到办公室时，发现鲍比和克莱尔已经在鲍勃的办公室了。他们在开电话会议，他向他们示意：“开完会后，来我办公室一趟。”

他们点头答应，他离开了，继续寻找着可以帮助他更加了解山谷建筑公司存在的问题的根源。

在休息室停下，从冰箱里拿了瓶饮料，他发现有几个办公室员工正坐在一个大圆桌上吃午餐。杰夫刚好也在这几个月的工作中认识了他们，于是决定与他们也聊聊，看看是否能有收获。

“介意我坐下来吗？”

他们邀请杰夫加入。

杰夫打开饮料，直奔主题：“我想问个问题。”

3 个女人和 2 个男人点头示意“可以”。

“你们认为我们招聘的情况如何？”

其中一个叫基姆的女人，负责前台和克莱尔所属的人力资源部的行政工作，澄清说：“你是指招聘流程吗？”

杰夫耸耸肩，说道：“流程、有效性、总体质量，任何相关的事情。”

这时，杰夫意识到他们可能不愿那么坦诚，不想破坏老板们的声誉。

“这不是要你们告老板的状，我与克莱尔和鲍比一起在寻求解决方案。我们希望尽量坦诚开放，所以，不用有所保留。”

财务经理科迪首当其冲：“我想我来公司的时间最短。”他环顾一圈，其他人点头认同，“作为一个刚被招聘进来的新人，我可能更了解招聘流程，我认为相当不错。”

“怎么理解‘相当不错’？”

“嗯，每个人都很友好，并且很专业，使我想来这里工作，非常确定。”

“在面试中他们提的问题如何？”

科迪想了想说：“非常标准化。在我的职业生涯中做了什么，我的优势和劣势。”

“有问到任何关于文化匹配的问题吗？态度？”

科迪似乎受了点小小启发：“哦，我差点忘了。有几个面试官想知道我是否重视团队协作。”

“他们问了什么？”

科迪皱着眉头，竭力回忆着：“我想他们想知道我是否真诚和愿意展现脆弱性。”

基姆插话说：“我帮助整理招聘资料。面试官就信任、是否善于面对良性的冲突和其他一些事情等进行了提问。”

这时，科迪想起来了：“是的，他们想知道我是否关注结果，是否有过解决困难问题的经历。”

杰夫对克莱尔和鲍比更加印象深刻，并且想着要找个时间表扬他们。这个时刻来得比想象中要快，因为这时他们俩走进了休息室。

“原来你在这里。”鲍比说，“我们刚去你的办公室，没找到你。”

“对不起啊，我在背着你们做调查呐。”

大家都笑了，有点紧张。

“我希望你没有把我给卖了啊。”克莱尔对基姆说。

杰夫为她解围：“根本没有。她只是说了你很少在办公室，他们干了所有的活。”

相对于公司的岗位要求，基姆更加勇敢果断，她把皱巴巴的纸巾扔向杰夫：“不像他说的那样。”

克莱尔笑了并直接问道：“那么，你的发现和收获是什么？”

“好吧，看起来关于团队建设，你所做的远远超过了海报和 T 恤衫。”

科迪假装生气：“嘿，我还没有团队建设的海报。我希望能够得到一幅团队划船的照片。”

鲍比添油加醋：“或者一群人围成圆圈，他们的手伸到中间，紧紧握在一起。”

杰夫可以看出调侃的氛围不仅在管理层。

克莱尔追问：“还发现了什么？”

杰夫犹豫了一下，不太情愿当着员工的面说出挑刺批评的话。不过，他豁出去了：“嗯，成为一个团队协作的公司和招聘团队协作者，我不认为大家理解了它真正的含义。似乎这只是废话。”

为了证明他的观点，杰夫转向科迪，“面试时，问你关于信任和冲突的问题时，你是如何回答的？”

他耸耸肩，微微笑了，几乎是一种内疚的方式：“嗯，我告诉他们我值得信任，并且我并不介意公开争论。”

杰夫点点头，然后问了一个反问句：“既然你问了，有人会说‘我不值得信任，不愿认错，容易愤怒’吗？”

他们都笑了。

“并且我是个连环杀手。”鲍比加了句，引起大家狂笑。

克莱尔解释说：“好吧，面试期间，我们并不是只听候选人说了什么，而是他们如何说以及如何表现。”

杰夫不想太苛刻：“你说得对，克莱尔。我同意你的观点。我只是在想我们是否真正知道究竟要找什么样的人。什么是最好的指标来判断候选人是否符合我们所追求的五种行为？”

克莱尔点点头，同时也耸耸肩，表示她承认这一点。

杰夫感谢同事们的时间和不同视角的观点，接着让鲍比和克莱尔到“鲍勃办公室”，他仍然习惯这样说。

3

发现

清晰

在他们坐下之前，杰夫已经开腔了。

“我认为团队协作是我们招聘的关键，也是其他任何事情的关键。”

鲍比先做出回应：“我同意，我们需要正确的招聘人员的方法，克莱尔。”

“先等一下。”杰夫坐下来，将脚跷在桌子上，“我认为招聘 80 个人比我们想象的要难得多。”在克莱尔做出认同或否定他的陈述之前，他接着说：“我的意思是，我们去年招了多少？ 20 个？ ”

克莱尔纠正说：“近 30 个。”

“对。”杰夫解释道：“30 个变成 20 个，因为离职率。”

克莱尔点头认同。

杰夫直接向她抛出了下一个问题："好的。如果必须加倍地招聘，你认为这与发现合适的团队协作者相比，会更容易，还是更难？"

她想了一会儿："嗯，要想更容易，基本不可能。我的意思是，更多数量、更多人、更多紧急的事。尽管我更想积极乐观，但是我认为可能会更困难。"

鲍比点头，理解其中的逻辑。

杰夫继续说："也就是我们可能需要招聘 90 个或 100 个人来确保 60 个岗位，对吗？"

他们不想承认这一点。

"伙计们，就是这个逻辑。"

克莱尔不满，唉声叹气地说："我想这符合逻辑。"

"嗯，我们或许应该改变一下招聘的标准。"鲍比提议，"我们不能承担协作不好的人带来的后果。"

克莱尔摇着头："没有办法。如果我们还那么做，我们将会面临像橡树岭一样的情况，还有学校翻新的项目。"

杰夫皱着眉头："什么学校翻新项目？"

鲍比叹叹气，解释道："前年，我们在卡利斯托加有个中学扩建和翻新的项目。听起来不大，但实际是个很大的活。在项目进行到一半时，我们失去了最好的工程师，因为鲍勃不愿炒掉最差的工程师。"

"等等，"杰夫问道，"我想你说过鲍勃不能容忍烂的团队成员。”

克莱尔看看鲍比，仿佛在说：“我们应该告诉他吗？”

“好吧，大多数情况下，他不能容忍。但有时对于他感到内疚或跟他私交不错的人，他表现得很弱。他总是说他有时狠不下心来。”

“那么学校项目问题最后是如何解决的？”杰夫很想知道。

鲍比愤怒地回答：“那个很棒的工程师后来开了自己的小公司。我累个半死，才搞定工程的活，更主要的是跟那个浑蛋工程师工作比这个要累多了。”

“所以，你从中学到了——”杰夫问道。

鲍比翻了翻眼珠：“我知道，我知道。”

“不，大声说出来，鲍比·布雷迪！”克莱尔逼着他，有点嘲笑调侃。

鲍比投降了，用唱诵的口吻说：“保留浑球是个坏主意。”听起来更像一个 7 岁的孩子，而不像一个负责 7500 万美元项目的老大。

杰夫把腿从桌子上放下，坐直了：“知道吗？我仍然在考虑如果我们能够想出如何铲除大多数的浑蛋，我们这里的变化将会是指数级的啊。”

“但是我们必须招聘更多的人来补充这些岗位啊。”克莱尔提醒他。

杰夫摇摇头："我不这样认为，克莱尔。我保证我们如果可以留下正直的团队协作者，即使我们人更少，我们干得会更多。"

他稍作停顿以便给他们留些思考的时间。

"想想看，我们如果可以让去年所讨论的团队建设都变成现实——建立信任、掌控冲突、做出承诺，我们的工作会多容易啊。"

"但是，当我们有双倍的工作量，我们将如何做到呢？"鲍比申明说。"团队建设活动并不等于酒店建设啊。"

"废话，"杰夫回答道，"我们并不是在谈论相互拥抱一下，或者握个手，或者站在椅子上做个背摔的游戏。我们讨论的是当在工作中出了错，大家敢于承认；争论正确的做事方法，而不用担心会得罪他人；做出承诺并且担当责任。我们应该把这些都教给大家。"

杰夫越来越兴奋，继续说："来吧，鲍比。去年我带着大家做团队建设的项目，你难道认为那只是不切实际的一堆废话吗？"

鲍比摇头说："不，我认为很有道理呀。"

"结果呢？"克莱尔讽刺说。

"这也是我想问你们的。"杰夫说。

克莱尔和鲍比彼此相互看了看。

鲍比就此解释说："我认为我们只是被日常救火的工作给搞乱了。"

克莱尔点头同意。

杰夫接续说："我相信那是真的。但是听上去你们身边也留有不适合公司文化的人。"他故意停了一下，"我猜你们不会把他们从招聘流程中，排除在外吧。"

突然，克莱尔睁大眼睛："噢，糟了。"她看看鲍比，"我们让有些浑蛋招了更多浑蛋。"

他们静静地坐在那里，琢磨着刚刚她所说的话。

"我有个问题。"鲍比不想被点名，"在动手干掉那些非团队协作者时，为什么像鲍勃这样重视团队精神的人也会变成懦夫？"

杰夫毫不犹豫地说："因为他想做个好人。如果鲍勃认识到保留这些人会带来多残酷的结果，他会解决掉他们的。"

"残酷？"鲍比并不理解。

"是的，想想看。"杰夫解释说，"在公司最不开心的人就是那些不适合公司文化并且能够留下来的人。他们知道他们不属于这里，内心深处他们并不想待在这里。他们很难受。"

"你是说我们应该找出这些浑蛋并炒掉他们？"克莱尔反问，"这也挺残忍的吧。"

杰夫摇摇头："不，你不能只是炒掉一大群人。但是，如果我们能够找出谁是浑蛋，你就可以告诉他们，他们唯一能够留下的方式，唯一他们希望留下来的方式，就是别再犯浑。或者，更有建设性的是，他们要成为团队协作者。95% 的时候，他们选择其一就行了。他们将会改变其行为并因此爱上你，因为你要求他们这么做，或者他们就选择走人，这样，他们也会感觉轻松的。"

"那么如果他们任何一件都不想做呢？"鲍比问道。

"好吧，到那时，你就可以叫上克莱尔和律师开始准备辞退文件了。但是，相信我，这样的事情不会像你想的那么频繁，只要你别放松对他们的行为改变。"

鲍比和克莱尔总体上似乎同意杰夫所说的。但是，克莱尔对于这些感到信息量太多，有点不知所措。

"所以，从哪里入手？"她想知道。

杰夫笑了，为他们正在厘清的思路感到兴奋："首先，我们要弄清楚如何识别一个正直的团队协作者，那种能够容易地建立信任、参与良性冲突并关注团队结果的人。然后，我们停止招聘那些做不到这些的人。最后，我们帮助那些浑球改变他们的行为，或者把他们挪到其他公司。"

他停了下来，看着墙上大大的日历："我们必须在接下来的 4 周完成所有这些工作。"他突然意识到说错了，看看鲍比，“我的意思是，4 个月。”

鲍比大笑，看着克莱尔：“如果你赞成，我就赞成。”

“我们有其他选择吗？”克莱尔回答。

突然，鲍比顿悟了：“嘿，如果我们是浑蛋该怎么办？”

杰夫笑：“那我们就从这里开始吧。”

自我评估

杰夫决定不再浪费时间。

“好吧，我很确定你们不是浑蛋。我希望我也不是。如果我们是的话，一切都完蛋了。”

他们大笑起来。

“因为我们要负责所有这些，让我们先找出我们共同的特点以及什么使我们与鲍勃一拍即合，或许我们从中可以找出关于团队的共性。”

他们开始相互看着彼此，仿佛答案会突然出现在他们的额头。

杰夫抛给他们更多的问题：“什么使你们认为这里是合适的地方？回想一下跟鲍勃面试的情景。他与你们在职场生涯所遇见的在他位置上的人有何不同，或者哪些方面比他们更好？”

鲍比先说道：“我知道说这些没有用，但是我肯定他不是浑蛋。”

杰夫唉声说："好吧，但是是什么使他置身于浑蛋俱乐部之外呢？"

"他没有那么严肃，"克莱尔澄清说，"鲍勃总是开玩笑，但大部分是拿自己开涮。"

这时，鲍比插进来说："知道吗？我记得我是哪天真正喜欢鲍勃的。大概是我入职后第三天或第四天，我们去圣三一酒庄建造游客服务中心。鲍勃与那个一直担心停放在入口通道的石头到底是从托斯卡纳还是卡拉布里亚来的都市富佬打交道时游刃有余，或者非常善于处理其他有钱人的问题。"

鲍比停了一下，重温着那个时刻。

"鲍勃真的对那个家伙很有耐心。比我好多了。但是，当那家伙驾着他的路虎离开后，鲍勃马上就能开始跟铺石头和砌墙的工人聊天。他们不是设计师、工程师，也不是木工，而是小时工，通常并没有太多技能。"

鲍比看上去带着点感动的情绪："鲍勃跟他们谈话时，就像跟开路虎的客户一样——一样的声调、一样的眼神和一样的兴趣。这些人注意到了，并且我知道他们和我一样印象深刻。我记得我当时就想'我希望我能像他一样'。"

"那才是鲍勃。"克莱尔说，带着点仰慕，"他可能是我所有认识的人中，最不装的，甚至有点简单。我不能确认这到底是什么。”

杰夫进一步问道：“你们认为你们也适合那种描述吗？”

“不如他做得好。”鲍比立马反应。

“但是相比其他像你这样的人，”杰夫再问，“其他的业内高管呢？”

克莱尔直接回答这个问题：“我认为你比你想象的更像鲍勃。”

“我现在之所以更那样是因为他的缘故。”

克莱尔惊奇地问：“你不总是那样吗？”

“不总是。我的意思是，如果因为别人没有读过大学或者比我们赚得少，我就像浑蛋一样对待他们，我爸爸一定会踢我屁股的。但是，直到来这里工作我才真正有这个想法。见鬼的是，在某些我曾工作过的地方，如果你像鲍勃一样，会对你的职业生涯不利。你相信吗？”

“你应该在硅谷工作。”杰夫说，“有太多人提倡要有社会和环境意识，但是他们如何才能一视同仁地对待那些帮他们洗车或剪草坪的人。”

“这倒是提醒了我。”克莱尔说，“我们需要帮你婶婶找个剪草坪的工人。自从她买了房子之后，这活儿一直都是鲍勃干的。”

杰夫点头：“我今晚会给卡伦婶婶打电话谈这事。或者下午见本时，跟他聊聊。”

鲍比很好奇：“你和本聊什么呢？”

“正如我们正在谈论的事情，我想知道他是如何寻找团队协作者的。”

“你不觉得高中篮球运动员和建筑工人可能有点不同吗？”克莱尔思忖着，大声说道。

“当然。但是我想他们也有共同之处。另外，针对老爸是如何想的，儿子可能会给我更多启发。”

“那你直接问鲍勃就好了。”鲍比建议说。

杰夫不认同：“不，首先，我不想让他担心我们现在已经需要他的帮助了。关于下周的手术，就够他想的了。除此之外，如果鲍勃具体了解团队协作者的真正含义，我们现在就应该知道了。我认为他像我们一样不确定或者不清楚。”

他们达成一致意见。杰夫希望鲍勃的儿子能够为他带来新的视角。

教练本·尚利

到了星巴克，杰夫一下子就看到本坐在最里面，因为他比坐在边上的十几岁的年轻人要高出一头。他已经给堂兄买了饮料，所以杰夫不用排队，也不用记住“venti”到底是指中杯还是大杯。

一看到杰夫，本就站起来，他们用堂兄弟间特有的方式拥抱了一下。

“谢谢你这么快来见我。”杰夫先开始。

他们坐了下来。

“嘿，如果可以，我每天都愿与你一起喝咖啡。非常高兴你能撑起公司。”

“我也是，我想。”杰夫大笑。

“你想？”

“不，我爱这一切。莫琳也是。孩子们似乎也喜欢更大的房子和院子。但是，我只是担心工作要比我想象的更多。”

“噢，说说看。”

杰夫详细叙述了现在面临的困境——医院和酒店的项目，以及现金流问题，这些本之前全然不知。

“你真的对生意一点都不知情，是吗？”杰夫开玩笑说。

“嘿，老爸试图让我对生意感兴趣。当他终于发现我不是那块料时，他就不再告诉我那么多了。”他停顿了一下，“但我确实了解你肯定遇到了棘手问题，并且我百分之百地自信，我所拥有的关于美国历史、全场紧逼盯人战术和对足球的狂热对你一点用都没有。”

杰夫微笑着说：“我不知道。有件事你或许能帮忙，一件大事。”

本的好奇心被调动起来了："真的吗？"

"是的。在团队建设方面，我们需要帮助。"

"开玩笑吧？你去年跟我爸他们玩的那套要比我的好多了，我一直用在队员身上，教他们出错时如何承认错误，并且如何相互负责。我不知道我能贡献什么。"

"我不想要任何有关团队协作的大道理。我只是想知道，你是如何识别球队里哪些孩子比其他孩子更富有团队协作精神的？"

本思考着这个问题："我并不知道。我的意思是，我们的选择不多。学校很小，我必须抓住我拥有的资源。"

"但你们总是打败那些来自更大学校的球队，不是吗？"

"是的。那是因为我们整体作战。没有全明星阵容，没有大牌主角，我更多强调的是整体，而不是队员。正如我所说的，我并没有那么多队员可供选择。"

"可是，如果你有选择，你会找什么样的队员？你如何避免主角太突出？"

本叹了口气，再次思考这个问题。"我确实不知道。"

"好吧，从不同视角看看。想象一下，你在大学做教练，你会筛选什么样的队员？并且会避免选择哪些人？"

"我会选个子高的，不会选个子矮的呀！"本大笑不止。

杰夫给了他一拳："你没认真啊。"

"好吧，我是在开玩笑。我想说的是，如果现在有个孩子超过了1.9米，我愿意把我的左腿借给他。但是，每个人都需要体形、速度和类似的东西，我还需要他拥有其他特质，可能与品德相关。这是我想要的。"

"比如什么品德？"

"嗯，"他显然想明白了，"可能是'想参加练习'。我喜欢热衷锻炼的人，但不是那种整天喜欢自己锻炼的人。我喜欢孩子们来早点并且做些额外的训练，看看比赛的影片，而不是被逼的。"停了一下，他接着说："绝不认输的那种类型。谁愿意服输啊？"

"痛苦的失败者？"

本摇摇头："不是的。我是说，那种刻苦努力地训练、避免输球的人。辅导他们更轻松。"

杰夫拿出笔记本，记录着。

本非常好奇："那么，你还跟谁谈了？目前学到什么了？"

"你是第一个。"

本睁大眼睛，说道："哇，我一定很特别。"

杰夫大笑："你当然很特别，并且我知道你一定会给我买一杯5美元的咖啡噢。"

"这是脱脂、脱咖啡因的焦糖玛奇朵。我并没有付账，我会记到山谷建筑的账上去的。"

"你有公司信用卡？"杰夫露出诧异的表情。

本笑了起来："不，你这个傻瓜，你想什么呢！老爸会给每个家庭成员不用签名的信用卡来花公司的钱吗？你难道不了解我老爸？"

杰夫松了口气："是的，我的确信了。顺便说一句，我们需要给他找个园艺工人，他将有一阵子不能剪草坪。"

"是的，我今天跟我妈谈了。我爸爸不喜欢这样。"

"说到你爸爸，给我更多关于他的信息吧。"

"你什么意思？"

"比如他对于团队协作的态度。"杰夫提议。

"再强调一次，我认为你比我知道的多，因为你为他做过项目。就我所知，爸爸总是说没有什么比团队协作更重要的了，并且他有惊人的直觉，可以知道谁具有团队协作精神以及谁没有。"

"你能跟我讲讲在你们成长的经历中，他给你们的感觉——什么使一个人成为团队协作者？或者一个好人？"

本笑了："哇，你今天的问题都很有深度啊，不是吗？"他思索了几秒钟，"你是知道的，爸爸在不同的运动上都辅导过我，有件事我一直记忆犹新，他不喜欢拍马屁来讨好他的孩子。"

"你什么意思？"

“可能描述不准确。他不喜欢对待他和对待他人不同的孩子。或者对待糟糕的运动员态度很差的那种孩子。”

杰夫看起来很满意这个解释，但是本突然又想到了一点：“噢，他讨厌在团队里只顾表现自己的孩子，或者计较自己上场打球时间的人。有一次，他让一个 10 岁的孩子整场都坐冷板凳，因为他总想控球并想成为球队中一直进球得分的人。”

“那孩子反应如何？或者更确切地说，他的父母反应如何？”

“妈妈认为非常好，但是我很不开心。”

杰夫笑了起来。

“但是我吸取了教训。”

兄弟俩在接下来的 45 分钟时间里，谈到了小时候的家庭旅游和聚会等，直到本不得不离开去训练。

“杰夫，我非常高兴你来打理公司。爸爸喜欢用他的幽默来轻描淡写，但是我想你理解公司对他意味着什么，对我们所有人意味着什么。”

本的话语发自肺腑，他们拥抱了一下，本就先走了。

杰夫又待了 10 多分钟，在笔记本上添了更多。就在他准备离开之际，他发现自己处在两种相互撕扯的情绪之间——略有进展带来的少许释怀和他听到的、所有事情似乎没有什么特别的那种失望。他觉得他需要更深入地调查。

取证辩论

在接下来的两天里，杰夫在橡树岭处理各种“救火”以及善后的工作。另外，还有为新项目做规划，尤其是酒店项目。在这期间，杰夫沉浸于处理具体生意事务，几乎没有精力来思考团队协作和招聘的事，让他吃惊的是仅仅在 48 小时之前，他还认为这事关重大。他渐渐意识到摆在眼前实实在在的和紧急的事情会让我们忘记更重要的事情，他决定不让这种事在自己身上发生。

所以，当他们结束与纳帕城市规划师的会议离开时，杰夫让克莱尔准备一份在近几年从山谷建筑离职的员工和任何她现在有顾虑的员工的名单。

“我明天早上会给你准备好的。”她说。

然后，他让鲍比和克莱尔预留出第二天下午的时间。尽管鲍比抗议说他有事情要做，但是杰夫坚持这么做。

当他们来到鲍勃的办公室，杰夫已经把从克莱尔那儿拿到的名单中的 23 个员工的名字写在白板上了。

“让我们一个一个来过一下，找出可以帮助我们发现危险信号的共同点。”

像往常一样，鲍比开玩笑地说：“你是说浑球指标吗？”

克莱尔反驳道：“嘿，记住有些员工仍在这里工作。当我们谈到他们时，要小心一些。”

“你应该对我们温柔一点，克莱尔。”鲍比调侃道，“所有人力资源的特点都在你身上显现了。”

她笑了。

杰夫进一步强调了她的话：“她说得很对。我们需要记住他们不是坏人。他们只不过在团队协作上不适合公司文化。或许他们有个浑球老板并且只需要做他们应该做的。”

鲍比让步了：“很有道理。”

“我们如何知道差异？”克莱尔很想知道。

杰夫回答道：“嗯，我们并不需要知道。”

“什么？”克莱尔非常困惑。

杰夫解释说：“记住，一旦我们找到了标准，那么，当我们发现有些人不符合标准，我们只需要澄清他们的行为必须改变。如果改变了，非常棒！可能根本不是他们的原因。如果他们不改变，那么，我们知道他们不属于这里，我们可以帮助他们找个更适合他们的工作。”

鲍比看着白板说：“我们从哪里开始？”

“从组织最高层开始。”杰夫非常自信地说，“如果我们可以处理高层的问题，其他事就容易了。”

对于这个计划，克莱尔突然非常兴奋，并且当她说出下面的话时，完全镇住了他们俩。“听着，各位，这方面，我们不能那么懦弱。公司的未来就靠我们把这件事情做对了。”

说着，克莱尔走到白板旁边，圈了两个名字：南希·莫里斯——橡树岭的项目经理，安东尼·本森——中学翻新项目中表现糟糕的工程师。

在接下来的1小时内，他们仔细研究了南希和安东尼，以及名单上的其他20多个员工，看看他们的绩效历史数据和行为。他们完成分析后，在白板上列出了可预测的形容词，如懒惰、漠不关心、不负责任、以自我为中心。杰夫的感觉就像前一天晚上一样。

“我们好像遗漏了什么，这些太显而易见了。”杰夫说。

“同意。”克莱尔确认说，“不会这么简单吧，是吗？”

“如果就是这么简单，”鲍比用他自然的调侃风格问道，“那么，我们怎么搞砸的？”

“也许我们只是跟这些人关系太近了。”克莱尔心中困惑，大声说了出来。

杰夫摇着头：“我认为我们只是不知道我们所寻找的标准是什么。”然后，他建议说，“我们需要一个案例来分析。一个我们不是那么熟悉的人，一个我们可以刺探和测试一下的人。”

这个人来得比他想象的更快！

再加点事

下班之后的回家路上，杰夫花了 20 分钟绕道去了趟医院和新酒店工地，越发感觉到这些项目的重要性，于是，他拨了鲍比的号码。

“什么事，老板？”鲍比的声音明显是从车里的扬声器穿出来的。

“我们真的没办法做。”杰夫淡定地说。

“你什么意思？”

“我的意思是同时做医院和酒店的项目。”

“我们当然可以做，我们非常擅长于此。”

“不，我说的不是建筑这部分。我指我们——你、我，还有克莱尔。我们需要帮助。想想看，当项目开始干起来，我们没有时间思考。单单医院的项目就很挑战我们了。”

电话的那端沉默着。

“你还在吗？你掉线了吗？”

“我在呢，”他说，“我只是在思考。”

又有几秒钟的沉静。

终于，鲍比说话了：“你是对的，我也有这种想法。但每次我想招新人，我都会觉得太冒险、太多麻烦。”

“解释一下呗。”

“好吧，克莱尔和我在工作上就像兄妹一样，这是上天注定的。我们现在还没有完全适应跟你的配合。坦率地讲，你还有变成浑球的可能。”

杰夫笑了：“所以，你担心我们会招错人。”

“是的。”他犹豫地说，“好吧，这听起来有点傻，但是我只是想让工作更有趣。我不想在上班时，还不得不跟我不喜欢的人打交道。”

“明白了。”杰夫想了想，“但问题是，如果我们得不到更多的帮助，我们相处也好不到那儿去。”

“我知道，我知道，我一直不想招新人。”

“那么，我们该怎么办？”杰夫让鲍比拿出他的建议。

“我们告诉克莱尔给我们找个世界上最好的、人工最便宜的、也最容易相处的人。”

“好的，周三之前。”杰夫加了一句。

“周二如何？”

他们俩都笑了，商定周末之后再谈此事。

杰夫等不了那么久。

捷径

尽管杰夫通常不会在周末工作，但现在他认为是该牺牲点周末的时间了。

“我要做出榜样。在接下来的6个月里，每个人周末也要工作了。”他跟莫琳解释说，妻子也认同他的做法。

就像杰夫期待的，克莱尔也认同。他们决定在中午之前到办公室开会。

杰夫与她做了同样的谈话，就像前天晚上与鲍比一样。尽管克莱尔更担心高管团队的配合，但是她也很快得出结论，再招一个高管是不可避免的。

“那么我们怎么做呢？”

“嗯，我认识几个专门招聘建筑行业高管的猎头。我们从没有用过他们，但是他们能够帮忙。”

杰夫摇着头说：“时间会太长。他们会在全国，或者至少在西海岸甄选。光让他们来面试就需要 1 个月。必须在我们认识的人当中选人。

克莱尔想了想，说：“你问过鲍比了吗？”

“没有，他和我都决定先从你开始。”

“非常感谢你们对我的信任。”她带着一点嘲讽的口吻说，“他应该比我更了清楚谁是市场上可选之人。”

“好吧，我们一起打电话给他。”

两分钟后，鲍比就在线上了。

杰夫先说：“嘿，我刚刚跟人力资源的女士谈过了，需要招一个新高管。她帮不上忙啊。你认识的人中有我们要选的人吗？”

鲍比笑了：“嘿，你们在没有我的情况下，开派对吗？”

“就当是派对好了。”克莱尔说，“我想你应该比我更清楚应该找谁聊聊。顺便澄清一下，这个职位是另一个现场运营副总裁吗？”

杰夫插进来说：“迷你版的鲍比。”

“太可怕了，”克莱尔惊叫道，“但是听起来对路哦。”

鲍比诧异自己在几分钟之内就列出了一个候选人清单。接着，他竟然有个意外发现。

“嘿，我刚刚想到一件事。泰德怎么样？”

“马奇班克斯？”克莱尔问道。

“是的，这个工作对他来讲简直是小菜一碟。”

“我以为他去年退休了呢！”克莱尔说。

“退休？这家伙比我就大了两岁。他可能觉得太无聊了，现在他住在索诺玛。”

杰夫不得不问一句：“谁是泰德·马奇班克斯？”

克莱尔解释说：“他是位于索萨利托的一家叫作北湾建筑公司的部门负责人，大概5年前做过市中心河道项目。他们主要做关于河道和桥梁的土建工作，以及其他市政建筑项目，这些都是我们不愿投标的。鲍勃不愿跟政府官僚打交道。”

鲍比接着说：“所以他赚了很多，现在住在希尔兹堡。我有几次在那儿打高尔夫球时见到过他。他想聊的都是跟工作相关的事，我想他是退休太早了。”

克莱尔被说服了。“那我们就让他过来一下，看看是否愿意返回工作。”

“他是我们要找的人吗？”杰夫想知道。

“他非常了解这个工作并且他也刚好有空。”

“但是他对团队协作怎么看？他是浑球吗？”

克莱尔插话道：“我必须要靠你来做判断，鲍比。”

“这个家伙很专业、有经验。他负责过两年大型、复杂的项目，并且这些项目基本符合预算和交付时间。我不认为他会是个浑球。”

随着谈话的深入，杰夫想聊得更透彻些：“你认为我们最快可以什么时候见到他？”

“让我看看可以做些什么。”

鲍比不会让他们失望的。

泰德

周一早上，杰夫坐在鲍勃的办公室回复着邮件，这时鲍比面带微笑地进来了。见到他，杰夫感觉奇怪。

“橡树岭的项目进展如何？”

“现在还好。”鲍比说。

“为什么面带微笑啊？”

“因为我有个惊喜给你。”他停了停，“你今天午餐有约吗？”

杰夫看看他的手机："是的，我应该见——"

"取消吧。"

"什么？"

"取消吧。猜猜谁会来这儿见我们？"在杰夫回答之前，鲍比就宣布了："泰德·马奇班克斯。"

杰夫靠向椅背："你是怎么搞定的？"

"昨天，我打电话给在烟囱岩高尔夫球场的朋友，他给了我泰德的号码。我昨晚跟他聊了聊，我猜得没错。他的确感到无聊，也非常有兴趣跟我们谈谈。"

"的确是个好消息。"杰夫也笑了，"你跟克莱尔说了吗？"

"是的。她有时间。12:15，玛丽亚餐厅。"

"玛丽亚餐厅？你不认为应该去个更好点的地方吗？"

"如果他符合我们的文化，他应该不会介意的。"

餐厅有一半人，对玛丽亚餐厅来讲，已经很忙活了。杰夫来得稍微早点，要了后面的卡座。几分钟之后，鲍比和克莱尔也进来了，走向桌子。

"他迟到了，我们不应该用他。"杰夫一脸严肃地说。

鲍比似乎僵住了："等等，"他不知道要说什么，"或许他只是——"

杰夫打断他："我在开玩笑呢，坐下来吧。"

鲍比笑了："你需要多久才会放过我，不报之前整你之仇啊？”

“只要你在这儿，我的朋友，”他笑着，“只要你在这儿。”

“好吧，让我们聚焦一下正题。”克莱尔坐在一个看得见门口的位置，“你对泰德了解多少？”

鲍比毫不犹豫地说：“他曾经在比我们大 4 倍的公司做高管，单单他负责的部门就同我们公司一样大。他参与所有环节，从设计到建造、装潢，并且他了解如何与地方官员打交道，这对我们的医院项目将有很大的帮助。”

杰夫和克莱尔显然被镇住了。

“等会儿，”鲍比说道，“我们不能用这个家伙，他会抢了我的饭碗。”

克莱尔大笑，拍着鲍比的后背说：“在山谷建筑，我们一直会给你留着位置的。”

就在这时，餐厅的门打开了，一束刺眼的阳光照了进来。一个男人站在那束阳光中，就好像是个天使。接着门给关上了，他瞬间变回成了一个男人。

穿着上好的牛仔裤和 T 恤衫，泰德·马奇班克斯看起来要比 56 岁年轻至少 10 岁。环顾了一下餐厅，他看到了鲍比，径直走了过来。

所有人都站起来，迎接他。鲍比先说：“很高兴见到你，泰德。谢谢你这么快来见我们。”

他们握着手，打着招呼。

“昨天接到你的电话非常惊喜，也很感兴趣，非常荣幸你们能够想到我。”

然后他转向克莱尔：“我想我们之前见过一次，克莱尔。”

她有点疑惑：“真的吗？”

“几年前，你有没有参加过一个在诺瓦托举办的午餐会？他们邀请了一个讲领导力的演讲嘉宾。你和鲍勃以及公司其他几个人一起来的。”

“是的。”她想起来了，“北湾建筑商协会的会议。”

“如果我记得没错的话，”他继续说，“特别无聊。”

“是的。他们从常青藤盟校请了几个与建筑根本毫无关系的教授。”

泰德转换了话题：“顺便问一句，鲍勃怎么样了？”

克莱尔回答道：“他在家里休息，这两天要做手术了。如果一切按计划进行，他应该会没事。但是他不会回来工作。”她转向杰夫，“这是我们的新 CEO，杰夫·尚利。”

杰夫与泰德握手问候。

“我听说你在这行是新手，杰夫。”

“是的。”

“嗯，你有这么棒的人帮你，”他指的是克莱尔和鲍比，“所以，你很容易就会跟上的，我敢保证。”

“我同意。”杰夫回答，“或许你也能够帮我。”

泰德笑了：“嗯，非常高兴你能这么说。我不知道我还能贡献点什么，但是也难说啊。”

他们坐下了，在接下来一个半小时，他们相谈甚欢，内容丰富，从行业中的点点滴滴到当地经济，再到建造医院和酒店的细节。

泰德从容、聪明、专注，显然不像任何做好退休准备的人。

克莱尔非常好奇：“为什么会退休呢，泰德？”

他迟疑了一下：“我不知道。我想工作了这么久，好像应该可以退休了——孩子们长大成人了，房子贷款已经付清，我太太想要更多地外出旅游。当时，好像这是一个正确的决定。”

“但是？”杰夫催着他继续他的故事。

泰德笑了：“好吧，关于高尔夫、古董和旅游，你也只能做这么多。我真的喜欢建造的过程。我喜欢解决问题。我想我低估了工作本身所带来的诸多乐趣。”

克莱尔紧逼了一步：“为什么不回北湾呢？”

他又迟疑了一下：“就像我享受建筑，那家公司变得有点太大了，有点太——”他停顿了一下，寻找合适的词语，“官僚。我终于认识到是该改变的时候了，但或许不是退休。”

“有道理。”鲍比说。

泰德看了看手表，说：“但是，我现在仍然在退休状态。如果我不赶回家帮我太太清理车库，那么无休止的唠叨就是对我最轻的惩罚了。”

他们有礼貌地笑了，感谢泰德的时间。在他离开餐厅之后，他们留下来继续总结讨论。

不同反应

像往常一样，鲍比先说：“我们现在就招了他吧。”

杰夫和克莱尔都没出声。

“快点，好吧。”鲍比给了点压力，“他难道不正是我们要找的人吗？”

“可能吧。”杰夫同意，“他能够在很多方面帮到我们，他非常厉害，单是他的经验就令人折服。我敢确定他手上也会有我们需要招聘的其他人选。”

杰夫听起来不像他所用的词语那么确定。

“那么，有什么问题吗？”鲍比问。

“让我们先确认一下他是否符合我们的文化。”克莱尔解释说，“他是否与我们的价值观匹配？”

这时，杰夫的话更有分量了：“所以，所有一切都要归于他是否是个团队协作者。”

“我想他很显然就是啊。”鲍比声称，“你们观察到我没有看到的事情了吗？”

“我不知道。”克莱尔耸耸肩，“我们真正寻找的到底是什么？”

现在杰夫喜欢这样的谈话。

“好吧，”鲍比回答，“他肯定不是个浑球。”

克莱尔再次耸耸肩膀，有点恼火：“所以，我们又回到那个点上了。到底什么是浑球？”

鲍比深吸了口气：“好吧，我们上周一起列出的那些词是什么？自私、粗鲁、不负责任。我们可以从那儿开始。”

杰夫开始记录笔记。

克莱尔进一步说：“好吧，粗鲁到底指什么？”

“好吧，克莱尔。粗鲁，一个浑蛋，让人不舒服。就是说笨蛋并且刻薄等。”

“给我举个我们认识的粗鲁的人的例子吧。”她问道。

鲍比只想了一秒钟：“好吧，特里·帕斯卡算吧。”

他看着杰夫，解释道：“他是我们的一个供应商，给我们提供物料，从水桶和楼梯到工作服和扳手。”

克莱尔跟着说：“不是个坏人。就是不识大体，做得太过火。专横难忍、不合时宜、一窍不通。”

“你是说他曾经是我们的供应商之一？”杰夫问。

“是的，最后我们通知他的公司换新人。换的人就好多了。”

杰夫问了另一个问题："我们公司有任何像特里那样的人吗？"

他们俩想了想。

"好吧，"克莱尔说，环顾四周，确保周边没人能够听见他们的谈话，"你们是说南希也是这种类型，对吗？"

杰夫和鲍比点头认同。

"你认为像南希和特里这样的人故意为之吗？"杰夫问道。

"我不这么认为。"克莱尔同情地说，"我认为，当他们与人打交道时，他们只是，"她有些犹豫并且看起来对她所说的感到抱歉，"他们只是有点笨。他们在人际交往上没有那么聪明。"

杰夫在他的笔记本上记录着并且顺着她说："所以，在人际交往上，泰德肯定不笨。事实上，他极其聪明。"

"我也这么认为。"鲍比大声说，"这也是我们应该招他的原因。"

"等一会儿。"杰夫朝着他那兴奋不已的同事笑了一下，"这不是唯一使得人们成为好的团队协作者的品德。"

"其他品德是什么呢？"克莱尔想知道。

杰夫犹豫着，合上了他的笔记本。"我不知道。我们上面所写的太显而易见了。"

"比如什么？"鲍比问。

“我的意思是，”杰夫摇摇头。“我都不好意思告诉你们。”

鲍比笑着，试图抢过杰夫的笔记本。“我自己看好了。”

杰夫将它放到一边，说：“好吧，迄今为止，通过我们的所有谈话和分析了 23 个应该辞退或者应该放走的人，有两个，或许是 3 个品德，如果算上我们刚刚谈到的。”

他拿起笔在纸上写了 3 个词：自负、努力工作和人际关系。

“他们必须不自负，真正努力工作，并且知道如何与他人相处。”

莱尔皱了皱眉头：“别用自负这个词，找一个正向的词。”

杰夫感到困惑，然后看到了问题：“噢，是的。”他擦掉“自负”这个词，换上了“谦卑”。

他们仨坐在一起，看着杰夫写的这几个词。如果将此情此景画成漫画，他们的耳朵里会冒出青烟来。因为他们研究这些词时太专注了。

“看起来太简单了。”杰夫怀着歉意说。

克莱尔插进来说：“不，即使非常简单、明显，我认为我们或许快要找到了。让我们再看看我们所列出的难以相处的人的名单，看看它们是否能够解释他们的问题所在。”

正当他们开始思考这些问题时，杰夫看了看手表：“噢，糟了。都快两点半了。”他看着鲍比，“你和我要跟医院建筑设计师开个会。”

“那我们明天再继续。”克莱尔建议说。

他们同意，杰夫和鲍比让克莱尔买单，他们先撤了。

4

实施

兼顾平衡

第二天，橡树岭的项目有点抓狂，比鲍比想象的更糟。

“不是什么大事。”鲍比解释说，“但是如果我接下来几天不陪着检查人员，我们可能会有些小麻烦。”

于是克莱尔和杰夫决定将泰德正式的、进一步的面试往后推几天，给他们多点时间来定义团队协作者。

第二天是鲍勃接受手术的日子。办公室一如既往地忙碌着，许多人担心着、祈祷着，并与尚利家族保持联系，随时更新消息。当得知手术进行得非常成功并且鲍勃的诊断结果是良性时，山谷建筑公司的办公室内从上到下松了一口气。遗憾的是，对于公司的领导来讲，那种放松是那么短暂，因为他们还要继续为公司未来的前景焦虑不安。

接下来的一天就是泰德面试的时间了，杰夫决定他需要马上和他的两位高管一起继续关于什么是浑球、一个团队协作者意味着什么的探讨，这样，他们就能够为面试做好准备。他们决定叫外卖到办公室，这样，如有必要，讨论到多晚都行。

到6:30，印度菜已经放在鲍勃的办公桌上了，克莱尔和杰夫等着鲍比的到来。

“我不记得那天我和鲍比离开时，我们讲到哪儿了。”杰夫说。

克莱尔提醒他道：“我们将讨论你在餐具垫上写下的词语并且针对我们难以相处的人比对测试。

就在这时，鲍比进来了：“你指的是浑球？”

克莱尔调皮地翻了翻白眼。

“是的。”杰夫回想起来了，“你记得把纸巾拿回来了吗？”

克莱尔手上拿着粘着色拉酱的纸巾。

鲍比径直走到食物前，继续说道：“我还有一个员工可以分析，汤米·伯利森。”

克莱尔皱起了眉头：“噢，我几乎把他给忘了。”

“他是浑球吗？”杰夫问。

克莱尔看着鲍比，问：“你认为呢？”

他想了想：“我不知道。他不是个浑蛋，这个可以肯定。这也可能是在我们辞掉他之前一直让他待了两年的原因。

但他一定不是你的团队想要的那种人。”

“为什么不是呢？”杰夫问道。

“汤米是我打过交道中最让人头疼的一个人，”克莱尔陈述着，“他非常有趣、迷人、聪明。”

“听起来像是个噩梦。”杰夫嘲讽地评论着。

“就是这样。”克莱尔说，“我们就是不知道拿他怎么办好。”

“你的意思是他工作不努力？他很懒？”

鲍比笑了笑，同时皱起眉头：“谈起汤米，非常难定义。他不是那种典型的懒人。如果你要求他做什么，他也会去做。”

克莱尔补充道：“绝对不多做。”

鲍比同意：“他就只做到不会出麻烦，但是他从不真正地专注项目或者解决问题，没有丝毫紧迫感或者热情。”

克莱尔又加了句：“他如果是个浑蛋或者懒人，事情就变得容易了。但他不是。”

“他缺乏热情？”杰夫探寻着，想找一个恰当的词语。

鲍比又皱了一下眉头：“不，汤米肯定有热情，但不在工作上。他非常热衷于公司的垒球队、飞蝇钓和内战的话题。”

克莱尔试图抓住这一点：“他只是不渴求上进。”

杰夫在笔记本上做着记录，然后问克莱尔：“你的意思是？”

“我是说，他不是那种特别有动力或者想做大事的人。”她停顿了一下，思考着，“也许因为他来自比较舒适的家庭，也不要证明什么，或者成就什么。我说不清。”

尽管鲍比满嘴都塞着咖喱鸡，但这并没有妨碍他讲话。“他是那种世上最好的邻居，但不是那种你可以依靠，或者想与他做生意的人。”

杰夫点着头，看着他的笔记本：“渴求，我喜欢这个词。”

“我也喜欢。”克莱尔说，“这个词比努力工作更好。”她转向鲍比，“谈到渴求，在你狼吞虎咽掉所有的比萨饼之前，你会等我们先做个饭前祈祷吗？

鲍比抱歉，他们低下了头开吃。

几分钟之后，每个人都吃完了，杰夫走到白板前，在没有名字的一角写下了“渴求”。

“好吧，”他宣布，“我想这是个恰当的词语。我们需要聘用那些有渴求的人。他们不会满足于所要求的。他们对工作充满了热情，求知若渴。”

他们都点头认同，杰夫继续说：“在泰德离开之后，我们又谈到了另一个概念。”

克莱尔点头，拿起了纸巾：“人际关系。必须要在人际关系上足够聪明。”

杰夫在白板上写下了“聪慧”。“是的，泰德真的很聪明。”

“听起来不太对劲啊。”鲍比反对道，“听起来你的意思是智商高。”

“我想这就是我喜欢它的原因。”克莱尔说。“它不是那种‘好好先生’的描述。就像情商一样，但要简单一些。只是说一个人必须知道如何举止得体，并且知道该说什么以及不该说什么。聪慧，不仅仅只是对人友善。”

“我认为称它聪明会使人们有不同的看法。”杰夫认同地说，“用温柔或容易相处不能够替代它。”

鲍比并不买账：“但如果你擅长人际关系，你不能是个浑球吧。听起来好像这是唯一重要的事情。”

杰夫想了一下，反驳道：“我不同意你的说法。一个聪明的人可能是个浑球。事实上，那将是最坏的浑球。”

“说说看。”克莱尔问道。

“好吧，你可能很擅长于此并知道该说什么、如何说及如何取悦与你交往的人。”杰夫说，“但是如果你内心只考虑自己的利益、自己的野心，那么这就会使你成为奸诈的、耍两面派的浑球。”

“用个我能够拼写的词吧，聪明人。”鲍比开玩笑地说。

杰夫微笑：“双面人、具有欺骗性、不真诚。”

克莱尔似乎灵感突至：“好吧，你写在这里的词是谦虚朴实。"

杰夫点头说："是的。它来自我们关于鲍勃的讨论。如果他们矫情浮夸，那么他们不适合在山谷建筑工作。"

"我认为矫情浮夸不是一个正确的概念。"鲍比出人意料地反驳回来，"或许是我错了。我的意思是矫情浮夸的人一定是个浑球，还有比那个描述更多的意思。他们用不好的方式表现出来的正是他们非常……傲慢的时候。"他似乎对这个词非常自信，"傲慢的反义词是什么？"

"谦卑。"克莱尔情不自禁地回应道，"浑球不那么谦卑。"

"就是它了。"鲍比说，"这就是鲍勃啊！"

杰夫在白板上画了 3 个圆圈，分别在圆圈旁边写下这些词：谦卑、渴求、聪慧。

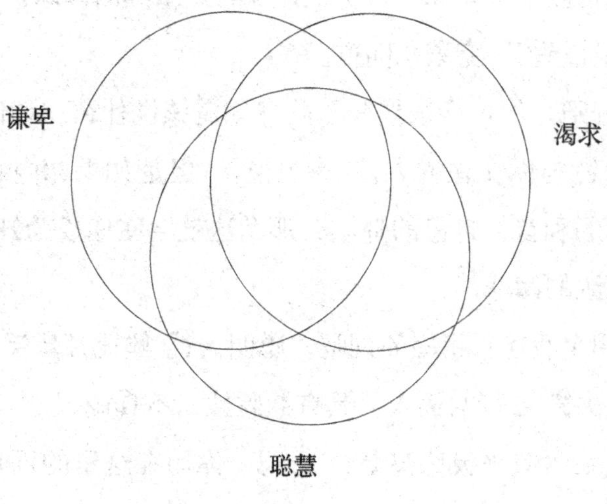

他继续吃着晚餐，3 位高管边吃边对着草图聊着。

接下来的一个小时里，他们将员工一个一个地过了一遍，有些难以相处，有些是全明星，有些介于两者之间。他们参照着这 3 个词，把他们进行了归类。

每个全明星员工都与谦卑、渴求和聪慧的匹配度极高，他们被放在图案的正中间。有些只在其中一个方面有欠缺，放在离图案中部较近的位置，而有些在几个方面都表现不好，因而放在远离中间的位置。

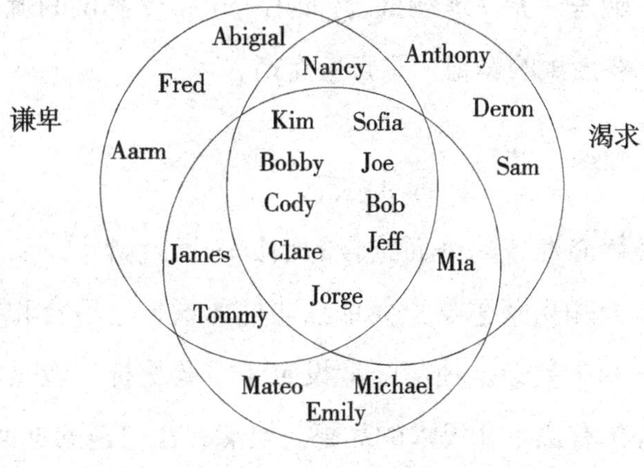

杰夫坚持用同样的方式来评估领导团队，尽管他们都在中间区域，但是有趣的是，他们却在不同位置。

晚餐快吃完时，他们已经将 20 多个名字放在了白板上的图案里。鲍比和克莱尔都认为他们做得没有问题。

但是杰夫仍不确定：“我觉得这仍然过于简单，难以置信。”他不停地看着这 3 个词，“但是，我也看不出来遗漏了什么。我猜就是这 3 个词的组合。”

“就是这些了。”克莱尔大声说道，同时走到白板前，用红笔在中间部分又圈了一下，“神奇的是，如果这里有任何一个品德缺失，你就会变成浑球。”

鲍比笑了：“我之前好像已经告诉你了。”

克莱尔将手中的笔扔向鲍比。

他们决定马上在招聘过程中运用这个模型，用鲍比的话来讲，就是“无浑球测试”。而第一个接受测试的就是第二天早上要面试的泰德·马奇班克斯。

又见泰德

为泰德而准备的全面综合的面试一切就绪了。从工地来的几个人和克莱尔早上会单独与他面试，之后会和杰夫有一对一的午餐会。他清晰地设定了主要目标，就是考察泰德是否具有谦卑和渴求的品德。当然，在之前的见面中，他们已经确定他非常聪慧。

泰德的第一个面试将与橡树岭项目的领班克雷格进行，所以杰夫安排提前一个小时跟克雷格见面，让他理解他将如何从两个所期待的品德中来评估泰德。杰夫承认这可能会有点难度，因为他没有真正地从可以观察的、行为的视角出发来定义这些词语。

杰夫的指示对克雷格来说非常简单："只要看看他是否还想继续努力工作，是否仍然承诺会全身心投入工作，或者只是想摆脱退休的无聊而稍微工作一下。"

克雷格写了下来："知道了。那么关于谦卑呢？"

"嗯，相信你的判断。你知道人不谦卑是什么样的，对吧？"

克雷格微微笑了："鲍比可能会叫他们浑球。"

杰夫大笑了起来："鲍比在使用他的语言上非常坚持，不是吗？"

克雷格问了杰夫另一个问题："就谦卑而言，你想寻找的是什么？"

杰夫毫不犹豫地说："正如我所说的，我想寻找他不谦卑的迹象，如傲慢、高人一等、不屑一顾，以自我为中心。"

克雷格做了点笔记，说："颇有道理。那么，你想让我明天再来见你并告诉你我的想法吗？"

杰夫睁大了眼睛："不行。你一结束，我就想知道。"

克雷格似乎有点吃惊，于是杰夫解释说："我需要知道你掌握了哪些，这样我就能理清午餐面试时我要谈什么，并且我甚至可能把你的想法分享给其他早上面试的人，以此来帮助他们在有些方面挖得更深一些。"

"哇。"克雷格深深被感动了，"你不会搞砸吧。"

杰夫笑了："输不起呀，有太多风险啊。"

克雷格皱着眉头："我不愿逼你啊，杰夫。"他迟疑不决地说。

"什么？你可以问任何问题？"

"你说到太多风险，还有我不知道的事吗？"

杰夫犹豫了一下，思索着要透露给克雷格多少。"好吧，我们接下来有很多工作要做，并且我们需要大量招人。"

克雷格点点头，并不感到奇怪。

"也就是说，我们必须找出在工地上不制造问题的人。"

克雷格笑了，摇摇头："我知道些。"

"正是。想象一下如果下一年我们一直出问题，将会发生什么？"

克雷格像是明白了："橡树岭的项目让我烦透了。如果事情变得更糟，我想我可能坚持不下去了。"

杰夫笑了，但并不是喜悦的那种。"非常正确。如果泰德这个家伙不是团队协作者，他不具有谦卑和渴求的品德，那么为他工作的人也绝对不会有。另外，他也不会招聘这样的人进来。"

克雷格开始翻他的笔记："那么，让我们再来看看。我需要问——"

杰夫打断了他，几乎笑出了声："放松，你不必自己弄明白所有事情，其他人也会面试他的。就是想想我们所谈到的，并且结束之后，让我知道你的想法就行了。”

“好的。”克雷格似乎松了口气。

就在此刻，公司前台和人力资源助理基姆进了办公室，说：“打扰一下，泰德·马奇班克斯在等着呢。”

总结汇报

在克雷格结束了他对泰德半小时的面试后，杰夫让基姆带着泰德去了下一个面试点。他让克雷格留下来进行总结汇报。泰德和基姆一离开，他就来了。

“你认为怎么样？”杰夫关上门。

“我认为他非常优秀。”克雷格毫不犹豫地回答，“他对生意了如指掌。”

“你认为他有渴求的品德吗？”

克雷格思考了一下，说：“是的，我的意思是，他非常想工作。他想再忙起来。”

“他像是那种拥有强烈的工作愿望的人吗？”

“如果他不努力工作，他怎么能够管理 NBC 的整个部门？”

“NBC？”

“是的，北湾建筑公司。”

杰夫笑了：“也是。”

克雷格非常好奇：“你有理由认为他不那么渴求吗？”

“没有。我只是要确保他真正符合我们的文化。”杰夫看看笔记，“关于热情呢？他仍有热情做建筑工作并且做出出色成绩的想法吗？”

克雷格想了一下，然后开始点头：“是的。他谈到了医院的项目，并且说他喜欢干那种活。他真的不像那种应该退休的人。”

杰夫又做了记录：“关于谦卑方面呢？他在任何方面有贬低他人、高人一等，或者不尊重他人的表现吗？他脚踏实地吗？“

“脚踏实地？我不知道，他对我没有居高临下或者不尊重我。至于他是否自大自满，我只花了半个小时面试，没有看到警示信号。”他又想了一会儿，“我会说他是蛮好的一个人。基于我跟他半个小时的交流，我想可以为他工作。”

杰夫又做了更多的笔记。“好的，谢谢你，克雷格。”

他们握了握手，正当克雷格要离开办公室时，杰夫拦住了他。

“嘿，跟南希的关系怎么样了？”

克雷格没有犹豫地说：“好些了。尽管对我来讲，她仍然是个谜。但是，我说服她又来参加我们的会议了。我也在教导我的下属，当她说了让我们恼火的话时，我们不要太过分。”

杰夫舒了一口气："这就好。"在问下个问题之前，他停顿了一下，"你认为她够谦卑吗？"

克雷格似乎对这个评价感到奇怪："我不知道我是否该用那个词来描述她。"

"好吧。"杰夫继续道，"她傲慢吗？她认为自己比别人都好吗？"

他摇摇头："那也不是我想要描述她的词语。她对待他人基本一样。对于烦琐的工作并不抱怨。她只是——"他犹豫着，"嗯，正如我所说的，她是个谜。"

杰夫感谢他没有使用"老巫婆"这个词。

深度挖掘

杰夫到了克莱尔办公室，好让她对 10 分钟之后与泰德的谈话有所准备。

"我肯定他并不懒惰或缺乏热情。"杰夫解释说，"所以说，关于渴求这方面应该没有任何问题。"

克莱尔使这个想法更加完整："他知道如何解读他人并让他们喜欢他，所以他肯定也有足够的聪慧。这就意味着，谦卑是唯一需要关注的问题，看起来，他还没有做任何我们想到的——"

杰夫打断她："不，他还没有。但是他也并没有做任何让我认为他是谦卑的事情。"

克莱尔皱着眉头说："看起来是什么样的呢？"

"我并不知道。实际上，我并没有真正地确定谦卑到底是什么。"

克莱尔笑了："好吧，这会是个小麻烦。"

杰夫表示认同："我知道。谦卑是个比较微妙的词。你怎么辨别一个人是否真正聪慧，从而知道如何展现自己的谦卑？这不只是避免成为太过于傲慢的人的问题。我是说，有多少人会一直自吹自擂，同时公开贬低他人呢？"

"我认识几个。"克莱尔说道。

"我也认识几个。"杰夫回应道，"但是他们中大多数人不会来面试这样的工作。"他想了一会儿，"或者这么说，他们中的多数人在面试前 10 分钟基本上就露出马脚了，他们很容易被发现。"

克莱尔同意这种说法："是的，隐藏最深的往往是最危险的。"

"这也是为什么当我们在公司招聘这么资深的人时，我们需要特别、特别地小心谨慎，几乎到了偏执狂的地步。"

克莱尔关上了门，说："那么，你看起来好像对泰德有些怀疑。"

杰夫摇摇头说："我不知道是否有怀疑。但是我并不完全肯定他就是我们要找的人。"

"你的意思是，你不确定他是否谦卑？"

“是的，这是唯一的问题。”杰夫确认说。

就在此刻，传来了敲门声，基姆探头进来。

“我可以带泰德进来吗？”

克莱尔吸了一口气：“不用，我去找他。”她看看杰夫，笑着说，“我有个主意。让我们看看我能发现什么。”

名字

克莱尔认为真正能够准确地了解泰德的方法，可能是带他走出办公室，到一个更简单的环境里。

“我要出去办点事，我想我们可以在外边做面试。”克莱尔说。

泰德耸耸肩：“听起来不错。”

他们进入克莱尔的小型厢式旅行车，奔向塔吉特超市，车厢地板上散落着麦圈。“我得给我女儿的一个朋友买个生日礼物。”克莱尔解释说。

行程中，他们谈到了泰德的管理哲学以及他在北湾建筑管理的员工。他的回答大多数都恰当得体，尽管不是特别具体。据泰德讲，他没有和下属有过真正的问题。

这次非正式的面试，泰德表现很好。

返回办公室的路上，他们穿过一个位于纳帕河上的新桥，泰德兴奋地大声说道：“这是我做的项目之一。”他们谈到了他那时要长时间加班以及他必须维持与州政府和市里的政坛人士的关系。

当他们回到山谷建筑停车场时，克莱尔让泰德在公司前门下车，以便他能赶上下个面试。“找找基姆，她会带你去的。”

“基姆是谁？”他礼貌地问道。

尽管有点吃惊，克莱尔当时并没想太多：“她就是那个今天早上带你去面试的前台接待，她是我的下属。”

放下泰德之后，克莱尔去了杰夫的办公室并与他分享了她的想法。她认为泰德就像她见过的任何高管一样聪慧不凡、渴求向上。像克雷格一样，关于他的谦卑这一点，他没有看到明显的警示。“这家伙是个外交家类型的人，不折不扣，处变不惊。我想象不出我们不聘用他的理由。”

杰夫皱了皱眉头：“有什么问题吗？”

“为什么这么问？”她问道。

“你描述的方式。‘我想象不出我们不聘用他的理由。’听起来你并不是那么自信。”

克莱尔想了想，看着窗外：“嗯，或许我没有信服。我不知道是什么。”

“你感觉让他成为我们领导团队的一员怎么样？你、我、鲍比和他？”

“问题就出在这儿。我不能确定是管理团队增加人员让我不舒服，还是只是针对泰德。”

就在那时，基姆敲门进来。“打扰大家了。我只是想确认一下接下来我们还需要做什么。”她看看杰夫，“下个面试结束后，你会带泰德吃午餐，对吗？”

克莱尔望向杰夫：“你打算带他去哪里吃午餐？”

“我想带他去扬特维尔的太平洋蓝调餐厅，那儿有这个纳帕谷最棒的芝士汉堡。”

“从来没去过，”杰夫承认说，“但听起来不错噢。”

就在基姆要带上门离开时，杰夫叫住了她。

“嘿，我能问你个问题吗，基姆？”

“那要看什么问题了。”基姆逗着他说。

“好的。你觉得泰德怎么样？”

对于这个问题，基姆毫无准备：“你是什么意思？”

杰夫笑了：“我的意思是，你认为他怎么样？你会聘用他吗？你每天都想跟他在一起工作吗？”

基姆看起来有点不舒服：“哇，有点难以回答。”

克莱尔非常好奇：“为何难以回答呢？”

基姆又回到办公室并关上门：“因为如果我告诉你他对我放电，然后你们用了他，他会不喜欢的。”

“他对你放电？”克莱尔想要了解更多。

基姆笑了：“没有。只是打个比方。我的意思是我不想说我有可能与之共事或者为其做事的同事的坏话。”

杰夫这回坐直了：“好吧，首先，你在公司很重要，基姆。我相信你的观点就像相信其他人一样。真是的，我应该让你也给他做个面试。”

基姆笑了。

克莱尔接着说：“关于泰德，你有什么坏话可讲的吗？”

“我不知道。我是说，我遇见过比他更糟糕的人。”

“在什么方面？”杰夫问。

“好吧，我能够看出来他今天早上来的时候并不那么合群。”

“为何这么讲呢？”克莱尔有点吃惊。

“嗯，他在大堂待了15分钟，只有他和我，他连一个问题都没问。或者根本没注意到我的存在。在过去几个小时中，我一直带着他来回面试，除了问我‘洗手间在哪儿？’或者‘我能给手机充电吗’，他没有跟我说过一个字。”

克莱尔看着杰夫，想知道他在想什么。他正在记着笔记。

基姆努力回想着：“或许，是我没有记住。”

“那么他一定不是个热情洋溢的人。”

基姆摇摇头：“不是的。我知道他认为我的工作无足轻重。”她皱了下眉，“我不是说他是个浑蛋。不是那么回事。但是，假如我明天在大街上碰到他，如果他能够记得我，我会很惊讶。”

克莱尔突然想到了什么，说：“他根本不知道你的名字！”

“什么？”基姆非常困惑。

“10 分钟之前，我放他下来时，让他找你，他问我基姆是谁。”

“你确定？”杰夫问道。

克莱尔点头说：“是的。我非常确定。”

突然之间，基姆感觉糟糕极了，但她说：“听着，我不想坏这个家伙的事。或许他心不在焉，或许他今天早上心情不好。”

杰夫说：“你是对的，基姆。你并没有在损毁泰德。我们不会现在就下结论。我们必须得对此慎重，我们也必须全面考虑。”

克莱尔正要感谢基姆并让她离开，这时，她突然有了个想法：“知道我们应该怎么做吗？”这是个反问题，但并没有针对任何人，于是她就自问自答，“我们应该去发现他今天是否心情很差、表现不正常，或者他一贯如此。”

“你有何建议来辨明真伪呢？”基姆很想知道。

“好吧，当我们在北湾建筑公司做入职前调查时，我们会跟他们的行政人员非正式地谈谈。”

杰夫有点困惑：“我们会打电话给前台问‘您好，请问泰德·马奇班克斯是个浑蛋吗？”

基姆笑了：“其实，没有那么复杂。如果他是，他们会很乐意告诉我的。如果不是，他们也很乐意告诉我。15 分钟之后，就见分晓啊。”

瞬间克莱尔和杰夫大笑起来，就像 15 岁的孩子计划开父母的车去疯狂一把那样。

“我们不可以这样做，对吗？”杰夫看着克莱尔，寻求帮助。

她回答道：“嗯，不可以正式地。我的意思是，那样不够专业。”

基姆反问道：“不发现事实不就更不专业了吗！”

“我同意。”杰夫说话很有分量。

基姆接着说：“我是说，如果他对比他职位低的人都是如此，那么我是不愿看到他来这儿的。这根本不是我们山谷建筑的作风。”

克莱尔和杰夫彼此互望了一眼，像是在说“有道理”。

“那么我们将如何用正确的方法得到这些信息呢？”克莱尔思忖着。

基姆用极其严肃的口吻说：“我弟弟能骇客他的个人记录并且能够看到是否有关于他的投诉。”

克莱尔被吓到了：“你在开玩笑呢。”

“不是，他真的非常善于此道。”

杰夫难以置信地看着这位前台接待。

克莱尔刚要训斥她的员工：“但是，基姆，这是——”

基姆打断了老板："瞧瞧你们俩，我跟你们开个玩笑。我没那么傻啊。"

克莱尔和杰夫开始跟着也笑了起来。

"但是我真的有个弟弟，他女朋友的姐姐曾经在那里工作。我看看她是否愿意跟我们聊聊。这么做，肯定错不了。"

杰夫结束了谈话："太好了。确保你的方法得当，尊重他人。我会在今天下午从跟他的讨论中，看看有何发现。"

"你会做什么？问他是否对他的行政人员态度很差？"克莱尔大声说出了她的想法。

杰夫耸耸肩："可能噢。"

主动出击

因为餐厅的方向与泰德午餐之后要去的地方一致，所以杰夫和泰德就各自驾车去扬特维尔吃午餐。太平洋蓝调并不是那么拥挤，这样，杰夫可以找到一个四周没人的桌子。

在点餐之后，杰夫就直奔主题了。

"面试进行得如何？"他问。

"很好，每个人对我都很好。我一直都知道山谷建筑是个人才汇聚的地方。"

杰夫决定尽量直接一些："你认为这里的文化适合你吗？"

“当然。”泰德根本没有思考就做出了回答，“就像我所说的，这是个很棒的公司。”

杰夫给了点压力：“你如何描述北湾的文化？你认为我们的文化有何不同？”

泰德抬了一下眉毛，好像他根本没有想过。“嗯，我想你们公司的规模要小很多，所以应该没有那么正式。”

“北湾很正式吗？”

“是的。我的确这么认为。我的意思是说，西服、领带和更漂亮一点的办公室。”

“这些适合你吗？”

泰德耸耸肩：“我能够从容应对不同情况。我的确也很喜欢那里。”

“你的下属如何？他们会如何描述你的管理风格。”

泰德移动了一下椅子，自信地回答道：“他们会说我是个好老板。要求严格，但是我会照顾我的人。”

“你这话是什么意思？”杰夫随意地问道。

“嗯，”泰德不得不思考一下，“我确保他们收入丰厚并且在完成我的项目后在公司有发展的机会。”

“那么没有参与你的项目的人呢？办公室的员工、行政人员。如果我向他们打听你，他们会说什么？”

泰德一脸茫然。带有一丝烦恼，他回应说：“我与人交往，绝对没有问题，如果这是你想知道的。”

杰夫能够感受到当下的不舒服，并且他也决定豁出去了：“泰德，如果我的表达有点隐晦不明，我感到抱歉啊。让我更坦诚透明些吧。”他深吸一口气，“关注文化建设的确对我们来讲非常重要，尤其现在鲍勃不在这里。我们重视的最要紧的事情之一就是人们如何对待彼此。”

泰德点点头，似乎认同他的说法。

“对鲍勃来讲，他对待他人一视同仁，无论你的工作是什么、你为哪个部门服务，或者你赚多少钱。”

“我认为这是个好事啊，”泰德很圆滑地回答说，“鲍勃是个非常棒的人，我也认同他的观点。”

对于他没有像自己预期的那样，深入地谈一谈仁爱精神的重要性，杰夫感到沮丧。他决定更直接一点。

“就像你所看到的，我们将会非常重视这一点。”他停了一下，接着继续深入解释。“实际上，我将非常强调它的重要性，以至于那些没有同样态度的人会有点憎恨在这里工作。他们将会真正觉得不舒服。”

尽管泰德没有表现出任何震惊，杰夫确定当他听到“不舒服”这个词时，他退缩了一下。

即使这样，泰德仍迅速地恢复过来：“我认为强有力的文化是非常重要的。事实上，这可能是北湾建筑有待提升改善的一个方面。”

杰夫点点头，想着泰德的评论。然后，他决定孤注一掷，全力以赴："泰德，我们的文化是关于我们如何与他人相处时，表现出谦卑、渴求和聪慧的品德。我们认为这是创造团队协作氛围的根本。"杰夫感觉微妙隐含的方式行不通，他比刚才更加自信了，"我们会拿出这种状态。我们将会用于招聘、面试、公司会议、绩效回顾面谈、薪资福利决策，任何事情。"

"关于绩效呢？"泰德问，有点怀疑，"准时，在预算之内完成项目？"

杰夫想了想，说："这些非常关键。毫无疑问。但是我相信如果我们能够将具有谦卑、渴求和聪慧品德的人组成一个团队并且给予他们清晰的任务，那么，这些将会是我们应得的结果。"

泰德点点头，但是似乎没有信服："听起来是个很好的计划。我想我可以效劳。"

杰夫稍缓了一下，在接下来的20分钟里，就泰德如何在两个项目之间分享资源以及如何招聘提了些问题。杰夫受益匪浅，非常赞赏泰德的专业精神，也非常喜欢他这个人。但是他仍不确信他是否适合山谷建筑。

面试时间结束时，他问了最后一个问题："我能和谁谈谈你在北湾建筑的表现和你是否符合我们的文化？"

泰德犹豫了："嗯，我有些下属已经离开了，并且我需要核实一下——"

杰夫礼貌地打断了他："没关系。任何人都行，即使他们不在那里工作了，只要是很了解你的人就行了。"

泰德停了一下，似乎有点毫无准备："如果可以，我今天下午给你几个名字，你可以跟他们聊聊。"

杰夫说这就是他想要的，之后他们就结束了面谈。

"泰德，你真的是非常出色的人才，如果山谷建筑适合你，那么你就会是我们这里非常重要的资产。"

他们握手离开时，杰夫非常肯定泰德在纠结他的话到底是赞赏还是威胁。

背景调查

直到当天快下班时，杰夫又检查了他的短信和邮件，泰德仍没有发给他背景调查的名单。克莱尔这时进来了，希望可以开始后续的流程。

"还没有回音。"他说，感到有些失望。

克莱尔想帮忙："好吧，我几年前认识泰德的一个客户。我可以打给他问问情况。或者那个已经离职的、基姆的弟妹的表姐可以给我们提供些信息。"

杰夫笑了："我也讨厌等待。"

克莱尔突然做出决定："噢，我们究竟想什么呢！让我们直接打电话给北湾建筑的人力资源部的头儿吧，我见过她几次。泰德已经不再在那里工作了，所以，也许她能够帮助我们。”

她直接走到电话旁边。

“所以，我们想要了解的就是关于谦卑这方面？”她一边问，一边找着她的通讯录，“我们不想了解其他事情了吧？”

杰夫耸耸肩：“我不知道。我的意思是，如果我们对他的技术能力没有任何疑虑的话，我想应该只关注在我们有顾虑的事情上。”

“我太习惯于做一般性的背景调查了。”克莱尔说着，这时，她找到了电话号码，“只刨根问底关注在一件事情上，有点怪怪的。”

“好吧，”杰夫微笑着，“我们一定要把事情做对。毕竟，我们想让山谷建筑成为一家奇特的公司，以一种良好的方式。”

“你是什么意思？”

“嗯，那些不适合的人也许会认为我们有点怪，对吗？”

克莱尔皱了皱眉头。“奇怪？我不认为谦卑、渴求和聪慧有什么奇怪的。”

“对我们来说并不奇怪，但是对于那些没有任何社会情感敏感度的人来讲，他们可能会认为如此关注谦卑这个品德是非常荒唐的。”

她开始点头认同。

“并且，如果这个人超级自大，他们会认为这个工作的地方很怪。”

现在看来，克莱尔似乎放松一些了：“我想你说得对。以好的方式展现奇特。”

“绝对地。让我们来看看泰德·马奇班克斯是否在以好的方式展现奇特。”

克莱尔按下免提并拨打号码，悄悄地跟杰夫说：“她的名字叫玛丽。”

响了一声之后，有个女士应答说：“我是玛丽。”

“玛丽，我是克莱尔·麦西克，山谷建筑的人力资源负责人，和我在一起的还有杰夫·尚利，我们的 CEO。我不知道你是否还记得我，之前我们的确见过几次。”

“当然记得你了。”玛丽实事求是地说，“我能帮到你们什么吗？”

“嗯，我希望你能告诉我们一些关于泰德·马奇班克斯的事情。我们正在跟他讨论一个工作机会，想从你那里了解一些情况，看看你认为他是否适合我们。”

玛丽迟疑了一下：“好吧，泰德非常有能力并且很专业。”

“太好了。”克莱尔回应说，“那么他的态度如何？你觉得他对反馈能保持开放心态并且当他出错时，愿意承认错误吗？”

电话那头沉默了一会，玛丽最后做出回应：“就像我所说的，泰德就像大多数在这里工作的人一样，他非常专业、积极向上，并且工作努力。”

克莱尔皱着眉头，看着杰夫，好像在说“答非所问”。

杰夫接着问：“你能告诉我泰德为什么离开北湾建筑吗？”

玛丽马上回答：“不，我恐怕不能。这有悖于我们的原则。但是，我能说他并没有因故被解除合约，并且我们会向潜在的雇主推荐他。”

克莱尔按了一下静音键，对杰夫说：“他们怎么知道他是否适合下个雇主？”

又按了一下静音键，克莱尔又试了一次：“玛丽，你认为跟泰德一起工作过的行政人员会如何评价他？”

玛丽立刻回答说：“我们从来没有收到过关于他的正式的投诉，我不知道我还可以告诉你什么。”

很明显，这个女人想挂掉电话并且不想提供任何有用的信息。

克莱尔结束了对话：“谢谢你，玛丽。我们非常感谢你愿意花时间来配合我们。”

“好的，祝你们好运！”她有礼貌地回答，然后挂了电话。

“嗯，毫无用处。”杰夫抱怨说。

“是的，的确。但是，就目前情况来看，当你打电话给公司做背景调查时，为了避免被起诉，你也只能获得这些信息了。”

“好吧，希望我们明天早上之前可以得到背景调查的名单，这样，我们就能得到真正有用的东西了。”克莱尔停顿了一下，“你的直觉如何？”

杰夫皱着眉头：“一半一半。或许比那个比例高一点点。我只是希望我们能够无论如何从他的名单中得到一些信息，或者从基姆的弟妹的表姐那里得到点信息。”

克莱尔大笑，这时，杰夫的手机响了。

“我会让你知道的，我现在有个会。”如果她知道是谁打过来的，她可能会留下来的。

泰德来电

杰夫没有认出这个号码。他从来没有在电话上跟泰德聊过。

“我是杰夫。”

“杰夫，我是泰德·马奇班克斯。”

“嘿，泰德。我正要看看你是否发给我了背景调查的名单。怎么样？”

“嗯，关于这事，今天午餐之后，我回去跟我太太谈了谈。”他磕磕巴巴地说，“好吧，我在想或许我不应该这么快返回工作状态。”

杰夫感到震惊：“哦，详细说说。”

“我可能有点冲动，”泰德淡淡地说，“我不知道我是否已经准备好结束退休生活。”

杰夫不相信他听到的任何一个词语，听起来像是借口，他为之愕然。

“我不得不告诉你，我有点吃惊。”杰夫说，“或者，可能不止一点点。”

“我知道。如果让你们失望了，我感到抱歉。”

杰夫反射性地回应道：“不，不，我的意思是说，我们只谈了几天，而你应该做出对你和太太都好的最佳选择。别担心。”

在有点尴尬的停顿之后，杰夫说：“那么，你是说你肯定不考虑了？”

又停顿了一会。“是的，”泰德回应说，“我不考虑了。”

“好吧。嗯，保持联系吧。如果你改变主意了，就通知我们吧。”杰夫希望听起来不像是如果泰德想来，就一定有个工作给他。

“谢谢，杰夫。祝你们好运！”

就这样结束了。

杰夫坐在桌子旁边，整理着各种情绪，感到有些郁闷。

他害怕告诉克莱尔，尤其是鲍比，那个他们希望能够解决很大一部分问题的人不存在了。这对他们的士气将是个多么沉重的打击。

除此之外，他并不知道他们是否能够在如此短的时间内从市场上找到其他合适的人选。单单是组织工作就已经足够让杰夫操心的了。

但是，他同时也感受到一种奇怪的释然，那种他希望能够描述给鲍比和克莱尔的释然。此刻，他并不确信他们是否认同这种感受。

焦虑

在杰夫找到克莱尔之前，她打电话过来说她的会议被取消了，另外，鲍比也在回公司的路上。

“关于泰德的情况，他想要最新的信息。”她解释说，“我告诉他还没有消息。”

杰夫试图在自己的声音中隐藏失望的情绪。“你们为什么不回来聊呢？”他建议说。

15 分钟之后，两个高管走进了杰夫的门，面带微笑，对他们将要得到的消息毫无所知。

“嘿，老板，”鲍比大声说，在调整他的方式之前，“啊噢，出什么错了？”

“看上去像出错的样子吗？”杰夫问道。

“你看上去有点泄气。”克莱尔说，“到底怎么了？”

杰夫吸了口气。“坐下。”

“啊噢。”鲍比重复着。

“好吧，事情是这样的。泰德刚刚打电话过来，”杰夫停了一下，“他选择从面试流程中退出了。”

“什么？”鲍比首先问道，“为什么？”

“他说他不确定他是否想结束退休生活。”

鲍比突然非常严肃：“扯淡。那个家伙讨厌退休。他都说了些什么？”

在回答之前，杰夫看了下克莱尔：“他所说的就这些。但是我认为还有更多。”

“更多什么？”鲍比很想知道。

克莱尔插话了，直接把问题转向杰夫：“你认为我们可能吓到他了吗？”

“什么？”鲍比似乎生气了，“怎么会？”

“我想有关文化的提问，他可能感觉有点受到威胁。”杰夫承认，“要么他被冒犯了，要么他不喜欢所听到的内容。”

鲍比不相信：“我们从他的背景调查中打听到什么了吗？”

“他一直没有给我们背景调查名单。”杰夫解释道，“但我们的确跟几个我们认为可能帮助到我们的人谈了谈。”

克莱尔补充道：“我们打电话给北湾建筑人力资源的头

儿，但是她没有给我们提供任何信息，只是一些泛泛之言，说他不是被炒掉的。另外几个还没有回音。”

好一阵子，没有一个人说话。

“你们觉得我们可能在文化层面太较真了吗？”鲍比并不是在真正地问问题，“我的意思是，我们搞砸了。”

杰夫想跟鲍比争论，但决定让他先尽情地发泄一下，他还没有发泄完呢。

“人无完人。我们不能把所有的条件都套到我们要招的人身上。”他转向杰夫，“你自己说过，如果想要达到新的目标，我们将必须招聘更多的人，然后，你让情况变得更困难了。这就像在拳击比赛中将你的一只手绑在后背一样，太不可思议了。”

克莱尔反驳说：“鲍比，这不是只招聘一个员工的问题。这是个领导岗位，这个人要招聘他人。他是我们必须与之同甘共苦、相互依靠的那个人。如果他不是合适的人，我们没有办法期待他人可以做得到。”

杰夫很高兴克莱尔似乎理解了，直到她转向他。

“我们有办法让他重新考虑吗？他真的确定他所做的决定吗？”

“我认为他不会重新考虑的，”杰夫回答说，“并且我并不确信我们想要他。”

鲍比叹了口气：“或许谦卑、渴求、聪慧这些都是错的。”

克莱尔耸耸肩。

杰夫不能相信一个人决定不接受工作机会能够导致聪明的人这么轻易地放弃他们的标准和原则。尽管他很想做些事情来证明谦卑、渴求、聪慧这些都是对的，但是，他在此刻并没有看到机会。他只是坐在那里，尴尬地等待着。

鲍比打破了沉默：“10 分钟之后，我还得返回橡树岭项目。接着，晚餐还有个饭局。明天见。”接着，他又加了一句，没有看杰夫的眼睛，“对不起，我如此生气，但是，我现在的确在挣扎着。”

说着，他就离开了。

一片黑暗

在鲍比离开之后，杰夫和克莱尔留下了，四目相望。

“你认为我们在坚持谦卑、渴求和聪慧的品德方面做错了吗？”杰夫问道。

克莱尔深吸一口气：“我不知道。我是说，很显然，似乎并没有错。如果你拿掉这些品德，你找到的就会是你不想与之一起工作的人。但是，可能太过于理想化了。”

直觉告诉杰夫不得不停止这样的谈话，他决定最好留一点时间和保持点距离。

“我们明天再继续谈吧，到时候，我们应该不会有被压垮的感觉。”

克莱尔非常赞同这个建议。

那天晚上，杰夫和莫琳让孩子们上床睡觉之后，就工作的话题，聊了很多。在他解释了现状之后，她给出了这些年他收到的最好的建议。

“别傻了，亲爱的。”她说道，没有丝毫的讽刺，“简单并不意味着它不正确。”

“所以，我该告诉鲍比什么？”杰夫反问道，“他非常生气。”

莫琳毫不犹豫：“告诉他，他现在的表现像个白痴。这个家伙，泰德·蒙哥马利——”

杰夫纠正说：“马奇班克斯。”

“不管叫什么。泰德·马奇班克斯将会非常难以相处。从我的广告行业和从学校或教堂义工的视角来看，3个适当的人完成的工作要比多一个并不属于这里的人完成的更多。比任何事情都重要的是，一个人需要谦卑才能找到归属。”

现在杰夫故意唱着反调：“我们并没有真正确信泰德不谦卑啊。”

“真的吗？”她友善并怀疑地问道，“你所说的这些就是在告诉我：这个家伙就是一个十足的政治家。”

对于莫琳十分准确的判断，杰夫睁大了眼睛。

“你知道当你招聘了一个政治家会发生什么后果吗？”

她自问自答，“政治家、难处、自大。鲍勃叔叔可能成为任何一种人，但就是成不了政治家。”

在杰夫回答之前，莫琳最后说：“就我对鲍比的了解，他最不愿意与政治家在一起工作了。”

杰夫知道他的妻子是对的。遗憾的是，她拒绝跟他第二天早上来公司，告诉鲍比他是个白痴。

看见曙光

杰夫很早就上班了，拿不准要做什么。当克莱尔到办公室的时候，他坐在那里，思考并回想着昨晚与莫琳的谈话。

“理论上，都说得通。”她同意，“但是从实际我们面对的现实来讲，很容易将我们所有的想法抛诸脑后，就像其他公司一样来管理公司就好了。”

杰夫站了起来，皱着眉头。“我们要做的是别再想泰德·马奇班克斯了，并且表决我们是否要坚持这个模型，它在实践中是否管用。”

“我不知道怎么做。我们如何能够向鲍比证明？”克莱尔回应。

杰夫似乎受到了某个灵感的启发：“如果我们将它用在解决橡树岭的问题上，你认为如何？”

“你的意思是？”她问道。

“我是说，让我们看看在那里工作的人，看看他们是否谦卑、渴求和聪慧，这些品德能够帮助我们理解那里到底发生了什么以及如何解决这些问题。”

“我们应该叫上鲍比一起吧？”

杰夫皱了一下眉头：“也许吧。如果你认为让他发半个小时的牢骚，他就能够让泰德这件事翻篇了。”

“我能让他办到。”

接着，杰夫打电话给鲍比询问他最早什么时候可以到办公室来。

“15 秒钟如何？”鲍比声音中带着一丝丝苦味，“我就在走廊这边。”

3 分钟之后，他进来了。“对不起，时间太长了。我得去撒泡尿。”

杰夫很高兴看到鲍比式的幽默又回来了。

鲍比坐下来，看见克莱尔正站在白板面前，画着橡树岭团队的组织架构图，从南希和克雷格开始，包括他们下面的领班和主要项目经理，总共 9 个人。

“我们在干吗？”鲍比问道，没有丝毫的幽默感。

杰夫深吸一口气：“鲍比，我们必须做出决定，看看谦卑、渴求和聪慧这些品德是否在现实中行得通，或者它只是个让我们的生活变得更困难的理论想法。”

鲍比坐直了：“我喜欢这个主意。我们现在就开始吧。”

克莱尔走到白板前，圈了一下南希的名字，说："好吧，我们都已经认同南希在理解他人方面不够好，但她并不自大或者懒惰。她为人谦卑，渴求做得更好，但是不够聪慧。她把事情弄得一团糟，不得不有人替她做善后工作。"

鲍比点头认同。

"那么让我们再看看她的团队。"克莱尔建议。

高管们盘点了在南希下面的 3 个人，包括两个已经离开并且被替代的领班佩德罗和卡尔。结果发现，佩德罗显然是个团队协作者，符合所有 3 项品德。而卡尔在渴求方面欠缺很多。

"这就是克雷格那些人对于项目进展延后非常气愤的原因了。"鲍比声称，"我敢保证如果我们炒掉卡尔，我们就能留下佩德罗。"

杰夫很高兴看到评估分析起作用了，但是他还没有完全赢得鲍比的认同。所以，他跟进了一步。"让我们继续吧，克莱尔。"

"好吧，让我们来谈谈克雷格和他的团队吧。"克莱尔说，"他这边的情况如何？"

杰夫很高兴看到鲍比先讲。

"克雷格非常渴求向上。他可能是我团队里工作最努力的。我从来不用告诉他该做什么，而他总是想着他如何能够多做一点来帮助其他人。"

杰夫插话道："你认为他够谦卑吗？我觉得他一点都不傲慢自大。"

鲍比点点头："他很少让人操心，非常自觉。不需要关注，不爱显摆自己。因为他主管的领域基本没有问题，有时我甚至忽视了他。"

"他拥有聪慧的品德吗？"克莱尔问道。

杰夫看着鲍比，寻求答案。

"好吧，我确信橡树岭的问题不是他的错，如果你们指的是这个。"他停顿一下，回头看着杰夫，"你最近一直跟他打交道，你认为如何？"

"我肯定克雷格不像泰德那样是个世界级的外交家，他实事求是，直言不讳。但我喜欢那样的。我只是好奇他的员工对他怎么看。"

"他们会为他全力以赴。"鲍比自豪地说，"克雷格的手下都爱死他了。他知道什么时候应该踢一下某个人的屁股，他也知道什么时候有人需要轻抚关爱。这个家伙简直是个白马王子。"

克莱尔补充说："每年员工对他的评价都是最高的。"她停了一下，仿佛突然有个想法，"你们知道吗，如果克雷格想离开，我敢保证有很多人愿意跟着他走，无论他去哪里。"

杰夫推进了一下谈话的进程："好吧，克雷格有聪慧的品德，也是个团队协作者。让我们继续。他的下属如何？”

克莱尔在白板上圈了下一个名字，说：“好吧，布兰登怎么样呢？”

克莱尔了解布兰登——克雷格的领班，正要提供关于他在渴求方面的洞见，这时鲍比突然打断了她。

“等一会儿。”他似乎变得很生气，但并不完全是这样。

杰夫和克莱尔看着他。

“我们是什么，白痴吗？”鲍比大声说道。

杰夫正准备要以牙还牙反击鲍比，直到听到他的解释。

“我们为什么不聘用克雷格呢？”

“他已经在这里工作了。”克莱尔解释说。

“好吧，克莱尔，我是说，我们为什么不提升他为高管团队中的一员呢？”

杰夫非常惊讶：“克雷格？”

“是的。为什么不呢？”鲍比回应。

“我想我只是没有想到他那个级别的人。”

鲍比吼了一声：“嘿，这个家伙对业务了如指掌。如果你对谦卑、渴求和聪慧的坚持是认真的，他肯定算一个。”

杰夫辨别不出鲍比是认真的，还是挑战他对模型的承诺。

好在克莱尔的话起到了作用：“他只是和泰德有很大不同。我是说，一个经营过6000万美元的业务部门，并且还有多年高管经验，而另一个——”

她停了一下，没有说完她的话。

鲍比替她说了：“另一个人已经在过去10年证明了自己，并且我们都知道他关注团队协作。”

杰夫看着鲍比：“你认为他够成熟吗？他能够应对更大的压力并同时处理更复杂的情况吗？”

鲍比想了想，说：“如果你们指他去了其他公司，没有任何人帮助，我会说‘不能’。但是，在这里，有我们帮助，我毫不怀疑他能行。”

“真的吗？”克莱尔问道。

鲍比没有犹豫：“绝对的。”他毅然决然地说，“你们知道他跟我们文化符合，比泰德·马奇班克斯强多了。”

杰夫感到很震惊：“所以你认同泰德不是最理想的人选了？”

鲍比惭愧地耸耸肩：“我在他是否谦卑方面也有疑虑，但是当你太想要得到他时——”

克莱尔帮他说完：“你会做蠢事。”

南希

杰夫想要结束谈话并宣告胜利成果，他还有个不断困扰的顾虑。

“那么南希怎么样？”他问，没头没尾地。

“你指的是什么？”克莱尔回应说。

“我是说，当我们有像她那样的人，3个领域有一个欠缺的，我们该怎么办？”

没有人立即想出答案，所以杰夫继续。“我们知道我们不会解雇她。但是我们该如何尽力而为，给她机会让她成为真正的团队协作者？”

克莱尔提供了一个并非真心的建议：“好吧，我认识几个教练，可以做一对一的教练辅导。”

鲍比摇摇头：“不，这个行不通。要花几个月并且只辅导一个人！似乎大部分接受教练辅导的人是利用这个机会为下个工作做好准备。”

“绝对同意。”杰夫说。

克莱尔并没有争论，而是补充道：“我们所需要的是更加直接和更具有行动力的人。我们要快速判断她是否真正想改变或者她是否拥有改变的能力。”

杰夫想到一个主意。“嘿，我们为什么不面试她一下呢？”

“你什么意思？”鲍比有点困惑。

“我为什么不坐下来跟南希聊聊，就像我跟泰德面试一样？”杰夫没有等待他们的回应，“如果她不想在这里，那么她可能会清楚地说出来，她甚至可能自己决定离开。”

鲍比看起来好像受到了打击：“噢，我真的不想再失去任何人了。”在克莱尔捶他之前，他继续说，“但如果真的发生了，我也可以应付。”

克莱尔在他同事头上拍了拍。

杰夫继续说：“我不会搞莫名奇妙的政治迫害或其他类似的事情。我只是说明我们在文化方面尝试如何做，并且看看她是否对此能够接纳。”

“那么，如果她说她支持呢？”鲍比问道，“我们将如何教她更加聪慧呢？”

“这是个最棘手的问题，我的朋友。”克莱尔大声说，“如果匈奴王阿提拉现在走进办公室告诉我他希望和他人建立更良好的关系，我知道我们也能做到。大多数的培训和发展到最后都归结于一个人有多大的意愿来做出改变。”

杰夫希望南希的问题比匈奴王阿提拉更容易解决。

5

指标

重新面试

南希在午餐之后来到了杰夫的办公室。杰夫让她预留出一个下午的时间，以防万一。他知道这个要求有可能会让她紧张，因为她并不知道这次会议的目的。但是他认为暂时的压力是值得的，这样就有足够的时间来观察她对待变革是否开放，并且是否直接可以开始整个流程。

南希坐在椅子上，面对着鲍勃叔叔的大办公桌。杰夫想她似乎并没有那么开心来到这里。

“南希，最近怎么样啊？”他兴趣十足并非常善意地问道。

“我很好，杰夫。”她的回应显得敷衍了事，“你的新工作怎么样？”

尽管她看起来对答案并不感兴趣，但是杰夫回答得就像她非常想知道的那样："比我想象的要更具有挑战性，但是和我一起工作的人要超乎想象的好。"

南希点头，仿佛在说"那就好"。

杰夫直奔主题，表现得就像他平时那样信心满满："好吧，我找你来的主要目的是想谈谈你在山谷建筑的职业生涯规划和发展。"

她似乎感到既有些困惑，又有些超然。

杰夫想着与泰德最后谈崩了的对话。"南希，你知道团队协作是我们的价值观之一，对鲍勃来说真的很重要，与安全和质量一样。"

她点点头，没有出声。

杰夫继续说着："我们将会继续关注它，甚至会更加强调团队协作，尤其在今年，圣海伦娜酒店和山谷皇后医院配楼项目会带来很多工作。"

他继续说："我们能够为这些项目做好人员准备并且完成它们的唯一方法就是，我们要确保所有人都像一个团队一样工作。"

杰夫注意到南希开始转动着眼睛，这倒激起了他回应她的异议的动力："这不是任何婆婆妈妈的情感表达。尽管你还不了解我，南希，但是我不是那种善于拥抱一下，或者紧紧握住彼此的手，或者接住从树上做背摔的人。"

第一次，他看到了南希的一丝微笑，但是它消失得就像来得那样快。

“无论如何，我想确保我们所招聘的人和所有在这里工作的员工都理解我们所说的团队协作者的意思，并且他们真正地希望成为其中一员。我会先从领导岗位上的人开始。”

只看到南希更多地点头，但是没有任何感兴趣的迹象。杰夫知道变化就要开始了。

“所以，克莱尔、鲍比和我最近花了很大精力来定义团队协作者对我们来讲到底意味着什么。我们归结了3个词。”

杰夫站起来，走到白板前面。“真正的团队协作者具有3个共同的品德，它们是谦卑、渴求以及聪慧。”他在白板上写下了这些词，然后回到他的椅子上坐下。

南希还是没有回应。于是，杰夫再推进了一层。

“谦卑的品德显而易见。我们不能容忍傲慢自大。渴求就是努力工作并对工作充满热情。聪慧指的是你能够感知你周围的人并且用积极正向、实际有用的方式影响他们。”

很显然，南希开始在脑海里思考这些事情了，但是她仍然没有准备好做出任何评论。于是杰夫就问了一个价值64000美元的重要问题。（此说法源于美国的一个智力问答节目，最后一个问题价值64000美元，这里指非常重要的关键问题。）

“对比这些品德，你认为自己做得如何？”

此刻，南希在她的椅子上动了一下。

为了让她更加放松一些，杰夫补充道："我们时不时地都会在这几个领域中存在一个或者多个问题。"

这似乎是南希所需要的触动点。

"好吧，任何跟我工作过的人都会说我非常渴求努力。我非常确定那是我的强项。"南希停顿了一下，观察一下杰夫的反应。

他点点头并加了一句："我也会说的，这一点非常明显。"

"尽管克雷格可能不认同，我不认为谦卑对我来讲是个问题。我的意思是，听起来可能有点自大自满，但是我并不认为我特别自大、以自我为中心。"

"事实上，"杰夫回答道，"克雷格说过同样的话。"

南希似乎真的感到惊喜："真的吗？"

"千真万确。他亲口告诉我的。"

带着少许但是不可否认的更强的自信，她开始说："好吧，那么我不得不说我并不擅长人际交往，就是聪慧这个部分，对吧？"

杰夫点头认同："是的。"他决定不说任何事情，只让南希继续。

她继续说："坦白说，我只是没有花精力去对人示好。我宁愿关注如何把事情做好。我想，有些人不大喜欢这样。"

杰夫有点不相信："让我们摊开谈谈，南希。你认为与人友善是浪费精力吗？"

南希没有回答他，所以他继续。

"我们并不是在谈相互之间安抚一下、拥抱一下。"

南希笑了："好吧，其实并不是我不想表示友好。"她似乎在寻找一个可以解释现状的方法，"我不知道。"

杰夫轻轻地问了她下个问题："南希，你知道他人是如何接受你跟他们所说的事情吗？"

在思考了这个问题一会儿后，她回应说："问题是，不够聪慧的人恐怕并不知道。否则，他们会变得更好。"

杰夫笑了："正是，非常正确。"

南希继续说："所以，我想说的就是，我愿意在这方面来努力——"

她停顿了一下，杰夫猜想她会跟他说她对他所提出的内容根本不感兴趣。

接着，她出乎意料地说完了她的意思："我需要有个人帮我变得更好。"她停了一下，然后说出了最重要的几个字："我会努力的。"

杰夫真想跳起来拥抱南希，但是猜想她可能会把他推到地板上。

"南希，这就是我所要求的。"

一周之后

杰夫在两天之内就任命了克雷格，员工对此反应非常热烈。这足以使得 3 位高管非常庆幸没有招聘泰德 · 马奇班克斯，但这还不算完。

在泰德退出应聘山谷建筑的候选人之后的几天，一个“没有授权的见证者”打来电话。这是曾经在北湾建筑工作，并且非常了解泰德的员工。她的名字叫丹妮，是基姆弟弟女朋友的表姐。刚开始，她似乎没有那么直接，直到杰夫跟她解释说：“实际上，泰德决定不在这儿工作了。”

“那么好吧，”丹妮解释说，“我想你并不需要我。”

在她挂电话之前，杰夫问道：“我能问个简单的问题吗？丹妮，仅限于你我之间。如果你不想回答，你不必回答。”

过了一会儿，她变得温和一些了：“好吧，你的问题是什么？”

“嗯，我们的文化非常之——”他停顿了，想寻找一个准确但不显摆的字或词语，他最后找到了“脚踏实地和朴实谦卑”。

他接着说：“我们担心泰德可能有点太……”他再次停下来，“对我们来讲过于滑头，如果你懂我的意思。”

丹妮笑了："噢，我想我知道你的意思。"

在杰夫还没有开口之前，她继续说："我这样说吧，我不会用脚踏实地来描述泰德。"

"好吧，"杰夫说，"我欣赏你的诚恳。"

几天之后，克莱尔认识的人也回话了。他是泰德之前的客户，他比丹妮更直接："听着，杰夫。我认识鲍勃·尚利，在性格和文化上，他和泰德不是一类人。如果你问我的话，你刚刚躲过了一劫。还是到此为止吧。"

当他俩听说了这些话后，克莱尔和鲍比感到无比的放松。即使如此，偶尔，他们中的一位还是会表现出对于谦卑、渴求和聪慧这个体系有些怀疑，并且疑惑它是否已经足够了。在这些日子里，其他领导者会说服他们相信这个模型。

当然，布丁好不好，只有吃了才知道。只有尝试了之后，才能知道管用不管用。

一个月之后

不到30天的工夫，在提升克雷格做了高管，并且每个人都真正承诺接受新的招聘模型之后，山谷建筑公司发生了彻底的变化。所有的岗位都招到了理想的团队协作者，并且所有的项目进度都提前了。每个缺乏谦卑、渴求和聪慧品德的员工选择自觉地离开公司，没有任何怨恨。

杰夫高兴得在他的办公室就像要飞起来一样，他的脚完全离开了地面。这时，他意识到他正在做梦。

杰夫醒来时，立马想到的就是医院的项目以及人员配置是否合适。除了几个其他战术方面的问题，杰夫总体上非常满意目前公司的进展状况。可能最重要的部分就是克莱尔所做的新的招聘程序。

基于她和同事们在面试泰德和其他人时所了解到的关于谦卑、渴求、聪慧的品德，克莱尔为参与招聘流程的每个人安排了一个简单有效的培训项目。从招聘团队协作者到在面试中进行考察、甄选，所有的招聘经理都理解了关于“谦卑、渴求、聪慧”的基础知识，以及他们使用这个模型在山谷建筑所起到的重要作用。

至于招聘工作本身，他们还没有达到所预期的人员数量。但是，因为他们招聘的人员通过了三项品德的筛选，尽管人更少，质量却更高，他们将会在酒店和医院的项目上起到关键的作用。随着他们的到岗，克莱尔感觉招聘变得更容易了，因为有更多的人来帮她寻找适合公司文化的人。

团队所取得的一个非常重要的、鼓舞士气的胜利就是重新聘用佩德罗，之前在橡树岭项目的政治斗争和压力下辞职的那个领班。找他回来的目的就是鲍比希望在山谷建筑建立新的文化并且帮助南希提升在聪慧方面的能力。

在杰夫的强烈要求下，南希与佩德罗坐下来开诚布公地进行了交流，并且向他解释对于在橡树岭项目中自己没有直面很多恶化的问题让他失望了。佩德罗事后告诉鲍比，她之前从来没有用过那种方式跟他谈话，如果她是公司正在进行变革过程中的一个指标的话，她非常高兴能够成为其中一员。

杰夫非常开心看到南希的变化，他决定抽出3天时间与在公司的17位领班的每一位和项目主管做个重新面试。对于在谦卑、渴求、聪慧方面没有问题的人，杰夫会用这次谈话来强化他们在招聘和培养团队协作者方面的贡献，以及确保每个在公司的领导者都准备好承担保护公司文化的责任。

对于几位在谦卑、渴求、聪慧上有明显缺陷的领导，杰夫采用了更加直接的方法。在需要提升改善的一个或多个方面达成共识之后，他和善地承诺他们3件事情。首先，提升改善不是一个选择，而是必需的。其次，在他们发展过程中会得到足够的支持。最后，如果他们选择离开，那也可以。

只有两个想要离开的。其中一个杰夫劝她留下，因为她想离开的原因是领导就她的问题召见她而让她感到面子上过不去。另一个叫汤姆的领班，非常难搞，杰夫爽快地让他离开。当杰夫向克莱尔解释汤姆要自己离开时，她轻松极了。

“你知道的，”在杰夫完成最后一个重新面试之后，她对杰夫说，“这两个项目都不会那么容易。”

杰夫微笑着，表示同意。

“但是，我就像一直以来一样，兴奋并期待着。”

“我也是。”杰夫认同。

半年之后

即使新的文化和模型在公司已经很好地落实到位，杰夫仍然担心医院和酒店的项目不能顺利进行。

鲍比倒没有那么担心：“一切都会好的，老板。没有任何项目是进展顺利的。这很正常，都在预料之中。”

杰夫依然希望每件事情都比平常要好很多：“我只是感觉到现在为止，许多事情都应该可以预见了。”

至于被杰夫重新面试过并认同其发展计划的领导，只有一个离开了公司，因为很明显渴求这个品德不是他可以弥补的。其他的人都在进步着，即使克莱尔不敢确定其中的一两个会不会长期待在那里。

这个问题也困扰着杰夫，他原以为到目前为止人员的问题应该完全被解决了。

“好吧，杰夫。”克莱尔劝告着他，“我们在招聘上基本上达到了目标，客户关系也很好，每件事情都朝着正确方向进行。如果你在 6 个月前告诉我，我们此刻仍生存着，我可能会反驳你的。”

虽然他不能反驳她的论断，但让杰夫心烦的是有那么一两个可能不是团队协作者的人仍在山谷建筑。

“是的，”克莱尔解释说，“我们都知道他们是谁，我们需要做些事情来搞定他们。但是你也要记得我们一年前的状况如何，以及大部分公司状况如何。”

自从升职以来，克雷格在新的位置上日渐成长。他轻轻地提醒杰夫：“完美是优秀的敌人，不要因为美好的事物不够完美而反对它。”

鲍比进一步说：“是的。你不再是咨询顾问了。这就是现实，接受吧。”

即便同事们的安慰给了杰夫莫大的认可，但是他知道他一直有点偏执，他也认为偏执是他工作的一部分，他不会改变航行的方向。他已经下定决心，让这一切都自然发生。

一年之后

在鲍勃手术后的一年后，山谷建筑在许多方面发生了本质的变化，但在有些方面仍很大程度上保持着原样。

鲍勃的身体恢复得很好，并且真正地享受退休生活。他偶尔会和妻子卡伦来办公室一趟看看。但每次，他都避免过多地与杰夫谈论业务，只限于拿与工作相关的评论来调侃他，经常说："看吧，我告诉过你一切都会好的。"

克雷格作为高管已经站稳了脚跟，与鲍比一起紧密工作，同时监管着两个主要项目，甚至直接管理南希，并经常称她为他的最佳员工。加上克雷格，4 个高管组成的团队变得越来越紧密，很难想象他们如果没有克雷格会怎样。

虽然谦卑、渴求、聪慧模型所带来的最大改变已经显而易见地体现在人力资源领域，然而，最大的挑战在于不是整个部门在改变，而是一部分人在改变。即使克莱尔和她的小团队积极参与维护公司文化，杰夫仍不断明确地强调领导团队以及他们直接的下属要确保山谷建筑保持谦卑、渴求、聪慧，他持续地提醒他们这不是单纯的理论或者情感泛滥。

从面试和新员工入职培训到绩效回顾和薪酬福利决策，这 3 项广为人知的品德，经常会是谈话的主题。当然，关于健康团队的 5 种行为表现，他们也做了许多契合实际的培训：建立信任、掌控冲突、做出承诺、担当责任和关注结果。由于参与者都拥有这 3 项品德，这些课程也非常有效。

从实用的角度来看，作为团队协作清晰度的结果，一些指标显示山谷建筑的业务发生了变化。第一，招聘工作很大程度上不再依靠猎头和外部机构，因为越来越多的人，从承包商到领班，通过朋友和介绍人的推荐在山谷建筑公司找到了工作。

第二，公司内的士气不可否认地提升了，并且流失率有了显著的下降。尽管如此，杰夫非常坚持流失率不应该完全消失："如果没有人离开或者被要求离开，那么我们或许还没有真正活出这些价值。"

最后，从验证这个模型行之有效的角度来看，酒店和医院项目的客户满意度比杰夫和他的团队的预期要好得多。即使在不合时宜的时间要做救火的工作并且要面临无法预期的挑战，公司处理这些事情的方法也不再会引发恐慌和个人英雄主义。不管情况有多糟，一种新的自信也在山谷建筑的办公室和现场变得更深入人心。

在山谷建筑公司所有的领导中，鲍比最精准和最强有力地解释了谦卑、渴求、聪慧是如何给公司带来利益的。

在第四季度高管会议结束时，4 个领导者评估公司健康程度的总体状况，鲍比宣布："如果你问我的话，过去一年里最棒的事情就是：我们公司几乎变成了一个无浑球的区域。无论发生了什么，不管我们可能遇到什么挑战，只要房间里的人不是浑球，我都将会欣然接受的。"

说着，他扔给杰夫一个 T 恤衫，杰夫拿起来看到上面有"浑球"这个字，字上有个圆圈并且有一条斜杠，表示"谢绝"的意思。

杰夫知道他不会真的穿上那个 T 恤衫，但他却将它放在他的抽屉上层，时刻提醒他这是一个公司领导的主要责任。

第2部分

模型与应用

理想团队协作者的三项品德

本书的这个部分是关于对理想团队协作者模型的理解：模型的含义、由来以及如何用于实践。让我们从大框架开始吧。

在吉姆·柯林斯的经典著作《从优秀到卓越》中，他探讨了关于成功的公司“让正确的人上车”的重要性，这是一种招聘和留用适合公司文化员工的委婉说法。尽管这个道理很简单，也很有道理，但是它往往被忽视，因为许多领导者在招聘过程中关注的是能力和专业技术。

对于那些认真地致力于将团队协作变成一种公司文化的公司，我坚信“正确的人”就是那些同时拥有这三项品德的人——谦卑、渴求和聪慧。我将它们描述成品德是因为品德这个词不仅是品质和价值的同义词，同时也意味着正直和美德的意思。谦卑，三项品德中最重要的一个，从这个词的深层意义来讲，无疑是最重要的美德。渴求和聪慧则属于品质或价值分类。所以，品德这个词完美地展现了这三个词的精髓。

当然，识别和培养拥有谦卑、渴求和聪慧的团队成员，或者自己成为一个这样的人，你首先需要理解这三个貌似简单的词的真正含义，以及这三项品德是如何奠定理想团队成员的根本基础的。

定义三项品德

谦卑（Humble）

在团队协作中，谦卑是不言而喻的。卓越团队协作者不会超级自我，也不会因为担心自己的地位而瞻前顾后。他们会迅速指出他人的贡献并逐步寻求他人对自己的关注。他们分享荣誉，强调团队而不是个人，他们关注集体的成功而不是个人的成功。所以说，谦卑是团队协作者最重要和最不可或缺的品德毫不奇怪。

> 谦卑是团队协作者最重要最不可或缺的品德。

令人吃惊的是许多重视团队协作的领导者居然容忍不谦卑的成员。因为拥有想要的能力，他们就勉强招聘那些以自我为中心的人，然后，在他们看到其不谦卑的行为时只是轻描淡写地简单指正一下，更有甚者，不但不当面指正，还经常为这样的行为找理由。之所以这样的情况会普遍存在，最大的问题就在于领导者完全没有考虑到，那些自负且以自我为中心的人对团队整体绩效的影响。这种现象普遍发生在体育、商业和各种需要协作的组织和团队中。

一般来说，缺乏谦卑品德的人分成两类。这两类人看上去很不一样，对团队的影响也完全不同，所以，了解、甄别他们非常重要，可以说是关键所在。

第一类很明显就是那种超级傲慢自负的人，所有的一切都是关于他们自己的。因为他们倾向于自吹自擂和吸引关注点，所以很容易识别他们。这类人就是典型的自大驱动型，他们在团队中存在，将会孕育团队成员之间的怨恨、隔阂和政治斗争，从而削弱团队协作。我们大部分人在职业生涯当中都看到过很多这样的人。

第二类人的危险性要小一些，但是值得来仔细了解一下。这类人自身缺乏自信，但待人慷慨而积极。他们倾向于认为自己的才能和贡献并不重要，这样他人会错误地认为他们很谦卑。然而这并不是谦卑。尽管他们肯定不骄傲自负，但是缺乏对自己价值的认识也违背了谦卑的精神。真正谦卑的人没有视自己比他人更伟大，但是他们也不会认为他们自己的才能和贡献不重要。英国著名的文学家克莱夫·刘易斯曾经着重解释了这种关于谦卑的误解："谦卑不是把自己看低一些，而是少想到自己一些。"

一个缺乏自我认知的人，会因为没有直抒己见地说出他们看到的问题，从而常常会伤害团队协作。尽管这类缺乏谦卑的人相对于另一类更加明显、更加负面的人来说会显得不那么起眼，但是，这一类人仍然会对团队达成高绩效造成负面影响。

这两类不谦卑的人的共同之处在于他们缺乏安全感。缺乏安全感使得有些人过度自信，而有些人则看轻自己。这两种类型的人在不同程度上为团队制造了问题，两类人都会减弱团队绩效表现。

渴求（Hungry）

渴求的人总是在寻求更多：做更多的事、学更多的东西、承担更多责任。因为他们自我激励并且勤奋努力，所以具有渴求品德的人几乎不用管理者推动着努力工作，他们会持续地思考下一步和下一个机会。他们讨厌被他人视为懒惰之人。

> 具有渴求品德的人几乎不用管理者推动着努力工作，他们会持续地思考下一步和下一个机会。

要理解渴求的人为什么是团队想要的人并不困难，但是非常重要的是要认识到有些渴求对团队来说并非好事，有些甚至是不健康的。对于有些人来说，他们的渴求是为了个人利益而不是团队利益；而对于另一些人来说，渴求过于极端，工作过于重要以至成为他们生活的全部，从而失去了自我。我所说的具有渴求品德的人，是指具有健康渴求品德的人：他们将事情做好并且做得超出预期的承诺是可以管理的，并且可以持续。

好吧，没有几个领导者会认为员工缺乏渴求是一件好事。很多时候，领导者会因为成员缺乏热情与渴求，导致没有产出或者产出很少而给团队整体业绩造成问题。遗憾的是，因为这些应聘者在面试过程中能够将自己伪装为自己对职业成功充满渴求，使得无识辨能力的领导者经常会聘用这样的人。结果是，一旦这些人进入公司，领导者就会发现，他们将需要花大量时间去激励、惩罚或解雇这些没有渴求的团队成员。

聪慧（Smart）

在这三项品德中，因为这项品德的真正含义与其字面理解有一些不同，所以需要多解释一下。首先，这里说的聪慧指的不是一个人的智力水平，在团队的场景中，指的是一个人对人际关系的常识，一种恰当地处理人际关系的能力。团队中那些聪慧的成员，会知道团队中发生着什么，并且知道如何用最有效的方式处理和他人之间的关系。他们提出很好的问题，聆听他人意见，并且专注地参与团队讨论。

> 聪慧指的是一个人对人际关系的常识，一种恰当地处理人际关系的能力。

有些人可能把这项品德描述成情商，也是个不错的比喻，只是聪慧相比情商来说，更简单一些。聪慧的人，能够对团队中动态发生的各类细微变化、成员的语言和行为所产生的影响等具有敏锐的判断和直觉。他们在不了解同事们可能的反应之前，知道该说和该做什么以及不该说和不该做什么。

请记住，聪慧的成员并不见得一定会有良好的意图。拥有聪慧品德的人可能将他们的才能用好或用歪。事实上，历史上有些最危险的人是以聪明而著称的。

三项品德相结合

如果你认为这三项品德看起来都有些显而易见、老生常谈，我会第一个赞同你。把这三项品德一个个分开来看，我不认为有多新鲜。但是让“谦卑、渴求和聪慧”三项品德独特有力的地方，并不在于单个的品德本身，而在于将这三项品德有效地结合。如果团队成员缺少三项品德中的其中一种，就会让团队合作明显变得困难，有时甚至不可能。在仔细探究这个结论之前，我先来讲讲理想团队协作者模型是如何产生的。

理想团队协作者的三项品德，之所以强大并独特，并不是因为其单独的字面含义，而是需要将三项品德结合在一起才能产生作用。

模型的渊源

回溯到 1997 年，我和几个同事建立了自己的管理咨询公司——圆桌集团公司。因为在之前的公司，我们同在我带领的部门共事，所以我们很容易就我们的核心价值观达成了共识：谦卑，渴求和聪慧。这是之前我们部门内部自己的团队核心价值观，并且我们希望在新公司继续保持。因此，我们承诺只聘用那些拥有这些品德的人，并且避免做出违背这些品德的运营和战略决定。

在为客户所做的咨询工作中，我们不仅帮助领导者建设更好的团队，还协助他们梳理澄清所有的事情，包括他们的战略、策略、角色、责任、会议目标等，当然，最重要的还有他们的价值观。当我们在探讨价值观时，客户不可避免地会问到我们自己在圆桌集团的价值观。

此刻，我们并没有公开我们的价值观是谦卑、渴求和聪慧，在我们的网站和资料上也根本找不到。我们感觉只要我们理解并践行就好了，客户并不需要了解。但是，当客户一再问及时，我们也向他们分享了我们的价值观。当我们解释谦卑、渴求和聪慧的含义时，通常会有奇特的事情发生：客户会宣称他们也将采用这些价值观作为他们团队的价值观。

当然，我们也会马上反对并向他们解释，一个组织的价值观不能是拷贝来的或者直接借来的，而需要真正反映自己组织的独特历史和文化。我们通常将客户对我们的价值观感兴趣归结于要走捷径，甚至可能有些懒惰。或许他们渴望抓住一组听起来积极正向的词，这样就可以宣称他们已经找到了自己组织的价值观。好吧，我们最终发现，我们对他们的动机理解是错误的，客户想采用谦卑、渴求和聪慧作为他们的价值观是有符合逻辑的原因的。

首先，对我们圆桌集团而言，企业文化的实质就是团队协作，无论我们与客户合作还是在自己公司内部表现，都是如此，因为我们始终承诺言行一致。其次，聘请我们做咨询项目的公司也都是对团队协作感兴趣的公司，这很容易理解为他们是因为我的畅销书《克服团队协作的五种障碍》的知名度而找到我们。所以，即使我们当时没有认识到，也不难想象我们自己的团队成员招聘标准和核心价值观，为什么会成为我们的客户心目中理想团队协作者的定义了。

在我们终于认识到这一点之后，我们开始从不同视角来审视谦卑、渴求和聪慧与其他组织的相关性。这些词语并不见得是核心价值观，但是对于任何希望团队协作成为其商务运营中的核心的组织来讲，这三项品德都是关键的招聘和人才发展的标准。

为了确保我们并非自欺欺人，我们提出一个问题："如果一个人没有真正地认可并具有谦卑、渴求和聪慧的品德，那么他确实能够从根本上践行团队协作的五种行为吗？"

答案是响亮的"不能"。

一个不谦卑的人将不会展现弱点并建立基于弱点的信任，不能建立信任将使他们不能坦诚地参与良性冲突并且担当责任。他们很难做出或执行对自己不利的决定。一个缺乏渴求的成员，将不愿参与让他感到不舒服的冲突，宁愿选择让其他同事对他们自己的行为表现各自负责，或者不会去设定无论如何都要达成的结果，而宁愿选择更容易实现的目标。一个不聪慧的人将最有可能在团队建设的过程中，尤其是需要有技巧地参与富有成效的冲突和让人们为其行为负责方面，为团队制造不必要的麻烦和问题。

在圆桌集团内部不断地审视、讨论和践行这个模型，并且看到客户尝试用于他们的公司并取得良好效果之后，我们确信任何一个希望让团队协作变成现实的领导者都应该找到并培养具有谦卑、渴求和聪慧品德的人。为此，领导者首先需要理解这三种品德是如何在团队协作中产生作用的，以及如果成员缺失其中一种或者几种会产生怎样的后果。

理想团队协作者模型

下图中的这个模型描绘了谦卑、渴求和聪慧之间的关系，中间重合的部分代表理想团队协作者的综合品德。这并不意味着处于中间位置的理想团队协作者的每种品德都是完美的。世上没有十全十美的人，具有谦卑、渴求和聪慧的人偶尔也会在某种品德方面表现欠佳。需要强调的是，这些品德并不是嵌在人们天生的DNA中的永恒的品德，而是需要通过在生活和工作中经年累月花费时间精力、并下定决心做出选择来发展和维护的。

当团队成员这些品德的综合表现变得越来越好，也就是说当他们拥有明显的谦卑、渴求和聪慧品德时，他们就会让团队成员相处起来更轻松，以此克服团队协作的五种障碍，从而确保团队协作。这也就意味着他们更可能展现弱点并且建立基于弱点的信任，参与富有成效但是不舒服的冲突，执行团队的决定即使他们刚开始并不认同，当他们看到明显的绩效差距时敢于向同事问责，并且能够将团队结果置于自己的需求之上。

在没有大量的教练辅导情况下，只有那些具有谦卑、渴求和聪慧品德的人可以做到这些。那些没有这三项品德的人，为了做到这些，领导者需要花费更多时间、给予更多关注和足够的耐心。

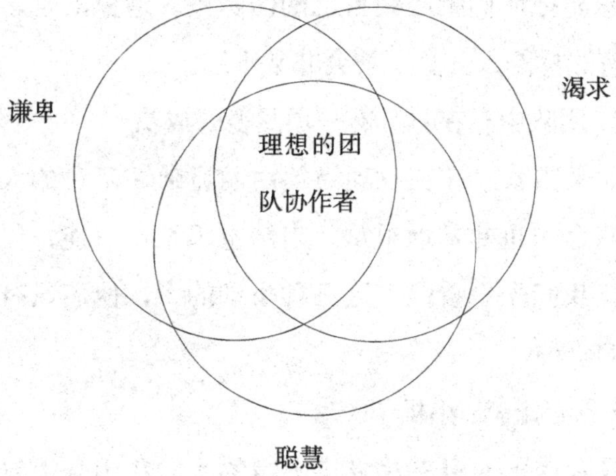

下面，我们按照团队成员品德将团队进行分类。从品德全无，到只拥有某一项或两项品德的成员，给团队造成的影响，以及团队领导者应该如何将成员培养成三项品德俱全的理想团队协作者。

团队类别

1. 团队存在三项品德全无的成员

首先，对于存在缺失了谦卑、渴求和聪慧这三项品德的成员的团队，展现基于弱点的信任的概率很小。仅仅培养发展他们拥有一两项品德就会需要很长的时间，花费很大的精力，更别说让他们具有全部三项品德了。对于管理者来说，幸运的是，三项品德全无的人很容易识别，因此如果管理者认识到三项品德的重要性，就很少会在面试时因疏忽而把他们招聘到自己的团队中。遗憾的是，一旦团队中有这样的人，日子就会非常难过。

2. 团队中存在只具有一项品德的成员

如果团队中存在三项品德中明显缺乏两种的人，要建立团队合作也非常地艰难。当然也不是不可能，但却不容易。让我们先看看以下这三种类别的人，他们只有三项品德中的一种。

• 只有谦卑：小棋子

只有谦卑而没有渴求或聪慧的人，在团队中就是个小棋子。他们心地善良、为人谦和、能与人愉快相处，他们感觉不到达到目标、达成业绩的迫切，也没有能力与同事建立有效的关系。他们通常会在谈话和活动中被忽略，并且对团队绩效影响甚微——无论好坏。无名小卒的小棋子不会掀起大浪，所以他们在重视和谐、同时也不要求绩效的团队中可以生存很长时间。

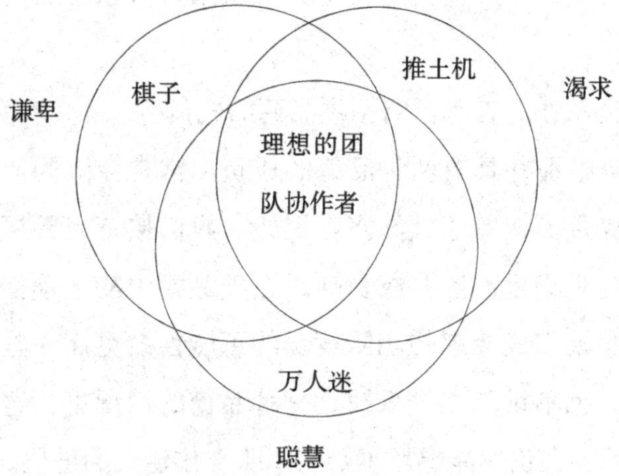

• 只有渴求：推土机

那些只拥有渴求而缺乏谦卑和聪慧的人被视为“推土机”。这些人致力于达到目标，但是他们只关注他们自己的利益，没有意识或顾虑到他们的行为将会如何影响他人。推土机是团队的快速破坏者。幸运的是，不同于小棋子，他们会因为突显而很容易被发现。真正重视团队协作的领导很容易识别并开除他们。但是在只关注生产绩效的组织，推土机能够活得很好，并且在很长时间内不会被调整。

• 只有聪慧：万人迷

那些拥有聪慧但缺乏谦卑和渴求的人是“万人迷”。他们幽默风趣，甚至讨人喜欢，但是他们对团队及成员的长期利益缺乏兴趣。他们的社交技能有时能帮助他们比推土机和小棋子在公司生存更长时间，但因为他们对团队的贡献微不足道，所以他们通常也会很快因为贡献不足而不受欢迎。

3．团队中存在只具有两项品德的成员

团队中那些具有两种品德的成员，常常会因为他们所具有的优点而掩盖了其缺点，因此，我们接下来要探索的三类人更难识别。这些成员缺乏三项品德中的一项，因此他们克服缺点成为理想团队成员的可能性会更高一些。尽管如此，也不排除在严重缺乏一种品德的情况下，这些类型成员的存在仍然能够严重妨碍团队合作建设的进程。

• 具有谦卑和渴求，但是缺乏聪慧：意外混乱的制造者

具有谦卑和渴求品德，但明显缺乏聪慧的人是“意外混乱的制造者”。他们真心地想服务团队，对他们相应得到关注和荣誉并不在意。但是，由于他缺乏对于他们的语言和行为如何影响他人的理解，将有可能并非故意地在团队中制造人际关系问题。一方面，成员们会尊敬他们工作的态度和真诚地渴望帮助他人的好心，但另一方面，有些成员会对必须处理“意外混乱的制造者”不经意留下的情绪和人际关系问题而感到疲惫不堪。在本书寓言故事中，南希就是“意外混乱的制造者”。她没有骄傲自负，也努力工作，但由于缺乏处理人际关系的灵活度，她总是在团队中引发不必要的问题。

尽管“意外混乱的制造者”确实有问题，但是在理想

团队成员三项品德中缺乏一项的情况下，缺乏该品德的成员对团队的危害最轻，因为“意外混乱的制造者”本身没有不好的企图，并且通常能够以幽默的方式来接受批评。

• 具有谦卑和聪慧，但是缺乏渴求：招人喜爱的懒虫

具有谦卑和聪慧，但缺乏适度渴求的人是“招人喜爱的懒虫”。他们不求上进，但善于和同事相处。遗憾的是，他们倾向于领导让干多少干多少，几乎不会主动完成更多工作，也不会主动地志愿完成额外的工作。此外，对于完成所在团队的共同目标激情有限。因为他们总体上来说有一定个人魅力，所以团队领导者很容易不会选择直面或换掉这个“招人喜爱的懒虫”。毕竟，他们很招人爱。

在寓言故事中，一个小角色汤米就是这种“招人喜爱的懒虫”。他既不是浑球，也不是完全犯懒，但他只做被要求的事情，绝不多做一点。汤米在生活中有多样的爱好和热情，但是这些都和工作没有直接关系。

“招人喜爱的懒虫”需要极大的激励和监督，他们总拖团队绩效的后腿。尽管比“意外混乱的制造者”造成的问题要大，但他们并不是缺乏一项品德的人中最危险的，最危险的一种人是“圆滑老练的政治家”。

• 具有渴求和聪慧，但缺乏谦卑：圆滑老练的政治家

具有渴求和聪慧，但缺乏谦卑品德的人是“圆滑老练的政治家”。这些人聪明伶俐，雄心勃勃，在工作上心甘情

愿并极其努力，但是这些仅限于对自己有利的情况。遗憾的是，因为他们非常聪明，圆滑老练的政治家善于将自己伪装成谦卑的样子，这使得领导者辨识他们并且指出其破坏行为变得非常困难。等到领导者发觉时，这种圆滑的政治家可能已经将团队中那些更谦卑从而容易被操纵、被打击的成员搞得伤痕累累，对团队协作造成了毁灭性的后果。我们多数人都和圆滑老练的政治家一起工作过，在领导者偏向于更多奖励个人绩效突出者而非团队协作者的公司中，他们的职位容易升得很快。

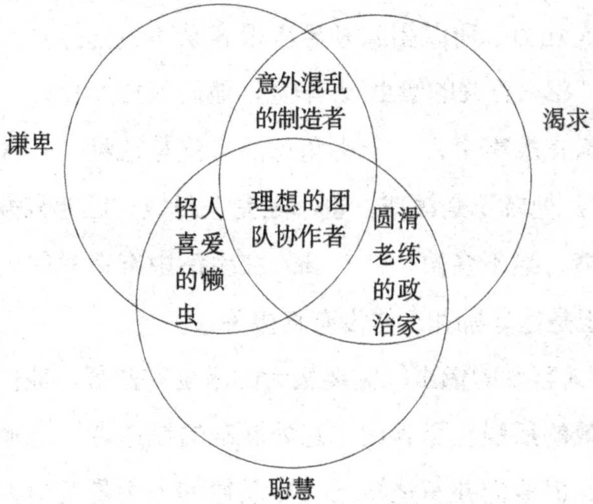

在寓言中，泰德就是圆滑老练的政治家。他很专业，充满魅力，并且工作积极性很高，这也是杰夫和他的团队几乎要聘用他的原因。但最终，泰德被剔除掉了，因为他对他自己而不是他周围的人更感兴趣。

警告：现在或许是给出几个至关重要的警告的时间了。

• 首先要记住，准确地识别推土机、万人迷、小棋子、意外混乱的制造者、讨人喜欢的懒虫或圆滑老练的政治家并非易事，不应该草率做出判断。错误地给团队成员贴上标签，无论在私下谈论或公开打趣，都可能对团队协作造成损害。

• 其次，不要因为成员在三项品德中某一或两项表现得更好，就给其实是理想团队协作者的人也贴上标签。比如，不要将相比于渴求，在谦卑和聪慧方面做得更好的理想团队协作者，误认为招人喜爱的懒虫。

• 以上所说的缺失某项品德的人，特指他在该品德方面存在巨大缺陷。

关于如何与员工使用这些术语，管理者需要聪明才智。记住，分门别类的目的并非将员工框死，而是更好地理解构成理想团队成员的因素，使我们在团队中能够识别或发展他们。

4. 团队中存在三项品德俱全的成员

• 谦卑、渴求和聪慧：理想的团队协作者

理想团队协作者具备适当的谦卑、渴求和聪慧的品德。在自己的贡献和付出得到应有的关注或荣誉时，他们很少自大自满。他们乐于和团队一起分享赞誉，甚至偶尔会忽视对他自己的赞誉。理想团队协作者在工作中表现出紧迫感、热情和个人责任担当。只要对团队有利，他们无论如何都会去做。最后，即使在出现困难情形，爱之深、责之切的情况下，他们所言所行都较恰当，让其他团队成员感受到被欣赏、被理解和被包容。我们中多数人能够回忆起在职场生涯中曾经领导过的或者一起工作过的理想的团队协作者，因为他们非常具有吸引力并且令人难忘。

现在我们了解了三项品德的含义，以及理想的团队成员拥有这三项品德对团队协作所产生的强大作用，接下来，我们就可以看看如何运用这个模型了。

实际应用

理想团队协作者模型在组织中有四个主要的应用领域：

（1）招聘。

（2）评估现有员工。

（3）培养那些缺少一项或多项品德的员工。

（4）组织文化建设。

下面我们就依次来看看这个模型是如何在这四个方面进行应用的。

应用 1：招聘

确保团队协作根植在组织中的最可靠方法就是只招聘理想的团队协作者。但是，这既不可能，也不实际，尤其考虑到大多数领导者并没有从创建团队开始就考虑团队协作的问题。当然，如果领导者有机会组建新的团队，为了建立一个通力协作的团队，就应该在招聘新人时，尽力甄选和雇用那些具有谦卑、渴求和聪慧品德的人。

领导者可能会想，如果有个可以准确地辨识和筛选出那些具有谦卑、渴求和聪慧品德的人的完美、可靠的诊断工具就好了，但是这样的工具目前并不存在。尽管如此，通过全面详细的面试和做好背景调查的工作，领导者也是能够更加自信地招聘到理想团队协作者的。

1. 面试流程

面试最重要的部分，就是面试官需要了解哪些回答和行为是对应聘者谦卑、渴求和聪慧品德进行评判的最佳指标，这样，就可以在面试过程中尽量让他们进行展现，从而确认应聘者是否拥有理想团队协作者的三种品德。尽管市面上有许多关于如何开展面试的书，也提供了各种各样的模型和工具，但对我来讲，关键就是坚持以下几个原则，它们看起来平淡无奇，从而常常被忽略。

• 不要泛泛而谈

这个原则也是所有原则中最重要的。太多面试过于泛泛，以致面试后只能提供很少或者没有给出任何针对应聘者具体特质与品德的评价。面试官对于应聘者的评估极其空泛，例如，“他看起来不错，感觉还行”。如果你是在找一个每周来剪一次草坪的人，以这样的评价就完成招聘是没有问题的。但如果你寻找的是具有谦卑、渴求和聪慧品德的理想团队协作者，那么，有针对性地对应聘者的行为和品德进行具体详细的了解、评估就显得至关重要了。我会在后面提供一些如何让应聘者展现这些行为和品德的问题示例。

• 面试官应汇报每次面试的收获和结果

我看到的最大问题之一就是轮流单个面试。在这种面试中，面试官轮流单独进行面试，并且在整个面试过程结束之前，他们不会互相交流一下面试中各自对应聘者的评估。较之泛泛而谈的面试，轮流单个面试的问题是既做不到更具体，也做不到更有效。

正确的做法是，每个面试官都应该在面试结束之后，快速地汇报一下面试情况，尤其是关于谦卑、渴求和聪慧品德方面的观察结果。比如，如果前两个面试官都认同应聘者具有渴求和聪慧品德，那么，第三个面试官可以关注谦卑方面，花更多时间以及更直接地调查未知的部分。

• 考虑多对一的集体面试

我通常喜欢在一个房间与多个我的团队成员一起来面试应聘者，这会使我们在回顾汇报应聘收获与结果时更加有效，大家可以就应聘者的回答到底是什么意思而进行交流讨论。同时，这种面试方式还会方便你观察应聘者在同一时间内是如何与多人打交道的，这在团队中是个关键的技能。你需要知道，有些人在一对一的场景和在一群人中的表现非常不同。

• 让面试不同于传统形式

令人惊奇的是，即使我们已经迈入 21 世纪很久了，但是多数面试官仍然使用着 40 年前的面试方法——进行固化生硬、预先编排和可以预测的谈话。进行这样的面试，其关键问题并不是这样的面试单调乏味、老套，而是这种面试方法，在鉴别应聘者是否具有行为技能和所需要的价值观来适应组织或团队方面没有那么有效。

有人曾经告诉我，想要知道是否应该雇用一个人的最佳方法就是让他跟你一起去出趟差。看看他在压力和互动的情景以及相对长的一段时间内，如何展现自己。这种做法未必实用，但我的确相信面试应该包含与日常工作场景中不同人群互动的部分，并且考察时间应该超过 45 分钟。

我通常喜欢带应聘者走出办公室，观察他在非结构化的环境中如何与人相处。比如，一起去食品店或商店买个东西，在车里待段时间并看看当他回答不出问题时的表现，等等，这些互动的场景，可以帮助我更好地了解他。记住，无论我和应聘者一起做什么，我都是在特别具体地寻找他在谦卑、渴求和聪慧品德方面的迹象。

• 不止一次地发问

我把它称为“法律与秩序”原则。这个名字是来源于一部比较真实地反映美国法律制度的电视连续剧《法律与秩序》(*Law & Order*)。在剧中，严厉的审讯官似乎总是一遍遍地向嫌疑犯提出同样一个问题，直到罪犯承认罪行。

警察：“你有谋杀这个人吗？”

罪犯：“没有。”

警察：“你有谋杀这个人吗？”

罪犯：“没有。”

警察：“你有谋杀这个人吗？”

罪犯：“好了，是我干的！是我干的！”

好吧，尽管电视剧有些夸张，但是同样的想法能够用到面试中。向应聘者问一个问题一次，那么通常只会产生一个一般可接受的回答，用不同方式来再次提出那个问题，可能会得到不同的回答，如果你用更加具体的方式问那个问题第三次，你通常就会得到一个更加诚实的回答。

• 征询他人的观点

这点与之前的建议有点关联，就是向应聘者询问与谦卑、渴求和聪慧相关的某个行为或特质，其他人将会如何评价他们，而不是问他们如何自我评估。比如，向他提问“你的同事是如何描述你的职业道德的”，而不是问他自己是否是个勤奋工作的人。问问他“你的经理将会如何描述你和同事之间的关系”，而不是问他是否能够与同事和睦相处。或者还有个有趣的问题，问问他“如果我将向你的同事询问，让他们评价你的谦卑程度，他们将会说什么”，而不是问“你是否谦卑”。

有些面试官认为这听起来很简单，但是他们承认在评估理想团队协作者品德方面做得远远不够。有些人会怀疑在招聘中如此微小的改变是否有用。但你要相信，正因为是站在他人的视角来回答问题，往往能够使应聘者更加诚实。这样的提问，或许会让应聘者联想到你可能会做相关背景调查，或许也有人不想错误地代表他人观点，但无论如何，这样的提问都可以让你得到更加诚实可靠的答案。

• 让应聘者干点事实

根据工作的性质，这点不见得总是可行的。在被聘用之前，不能要求医生先做手术，但是，对于编辑、广告经理或管理咨询顾问，可以给他们一个模拟的工作实际做一下。这样做的关键并不在于让他免费干活，而在于观察他们在真实情景下的表现，这样，你就能够发现他们是否拥有谦卑、渴求和聪慧的品德了。

• 不要忽视直觉

如果你对一个人的谦卑、渴求或聪慧品德有疑问，千万别忽视它，你需要继续刨根问底。有疑问通常就有引起疑问的原因，这并非鼓励把人往坏处想，而是你需要明白，过于假想应聘者具有理想团队协作者的品德确实会带来坏的后果。通常，招进了不利于团队协作的人，发生了破坏团队协作的事件后，招聘负责人都会回顾起面试过程中的一些迹象，那些他们在当时选择忽视的预警，后悔没有花更多时间或精力来分析这些迹象背后的东西。另外，如果在面试过程中仍然不能做到百分之百的确信，那么面试以后，需要在发出录用通知之前，针对应聘者谦卑、渴求、聪慧方面的疑问，妥善地探寻，并剔除疑虑。

• 用真诚吓到他们

为了确保招聘到谦卑、渴求、聪慧的人，我最喜欢的方式之一就是直截了当地向他们陈述我们需要录用具有这三项品德的人，并告诉他们这是岗位的要求。也许比较明智的做法是等到录用后再向他们说明白，但是由于这是我最看重的部分，所以我选择直接告诉他们。

假如你已经完成了面试、面试结果汇总和跟踪面试，并且对于应聘者所具有的谦卑、渴求、聪慧品德很有信心。但是在给应聘者发出工作邀请之前，你并不确定他们是否知道你将在今后的工作中，会绝对狂热地信守这些品德。如果应聘者通过了面试流程，却没有意识到他将需要绝对认同组织或团队所信守的品德，那么今后在那里工作将会变得非常痛苦。所以，让应聘者在接受工作机会之前，就知道今后他们的行为将会一遍遍地被呼吁信守这三种品德非常重要，这样他们才不会因为一遍遍的这种要求而害怕来上班。同时，你也可以让他们知道，如果他们的行为与这些品德相匹配，他们的工作将会非常精彩。

肯定地，即使有些人与公司所明确表述的品德与价值观不完全匹配，仍然会有可能赢得工作机会。但是，提前明确阐述组织团队的价值观，也可以让他们知道，一旦他们的行为违背了团队价值观，每天都会有人会为此承担责任并向他们明确指出来。如此一来，也会无形中减少他们做出违背价值观的事情。另外，你也应该让应聘者明白，今后在工作中，即使应聘者有再充分的理由，你也会坚持遵循对团队价值观的承诺。

2. 面试问题

以下这些问题可以帮助你理解谦卑、渴求和聪慧之精华。可以在面试中应用。

• 谦卑

"告诉我你在职业生涯中所取得的最重要的成就。"

在倾听应聘者的回答时，需要更多关注他所提到的是"我们"还是"我"。当然，也不仅仅是数数他们在回答过程中使用"我""我们"的次数这么简单。当应聘者在提到他自己个人多于作为团队一员时，需要进一步提问了解一下他是独自工作还是与他人合作一起工作。

"你职业生涯中最尴尬的时刻是什么时候？或者最大的失败？"

看看应聘者是否可以客观自然地陈述，或者你的提问是否让他感觉蒙羞。这个提问是考察应聘者是否可以对自己的不完美欣然接受。谦卑的人通常不害怕讲述没有过滤的故事。另外，通过对导致这种时刻应负的责任进行分析，寻找对应聘者的行为及品德进行判断的信息。

“你是如何应对那个尴尬时刻或失败的？”

寻求他是如何承担责任的具体信息，他从中学到了什么，并且他是否真正采取了行动。

“你最大的缺点是什么？”

是的，这是个老生常谈但仍然特别棒的问题。问这个问题的关键是寻找那些真实的并且有点痛苦的回答。那些将缺点变相地说成优点、不能具体描述自己缺点的人，例如，“我扛的事太多”或“我不好意思对他人说不”，通常都惧怕承认自己的缺点。为了避免这种情况，我认为换种方式向应聘者提问是个很好的办法。你可以追问：“我真的想知道你想改变自己什么？”或者还有个更好的方法，就是问：“关于你需要改变的地方，你最好的朋友会说什么？”答案的关键不在于他们的缺点具体是什么（除非他们是连环杀手），而是他们是否对承认事实真相能够轻松接受。

“你是如何面对道歉的，不管是向他人道歉还是接受道歉？”

请应聘者具体讲述一个事情，从中寻找具体行为。谦卑的人不怕说对不起，他们在接受他人真诚道歉时表现优雅。通常他们会讲述具体的故事。

“告诉我在某个领域比你表现出色但是对你来讲至关重要的人。”

看看应聘者对于那些拥有更多技能和才能的人是否展示了真心的欣赏。谦卑的人对此感到轻松自在。高傲自大的人往往不会。

- 渴求

“在你人生经历中，你曾经最难得到的东西是什么？”

寻找真实但是快乐奉献的具体例子。换句话来说，考察应聘者是否没有在抱怨，而是感恩这个经历。

“你不工作的时候，喜欢做什么？”

注意那些非常花时间的兴趣爱好。对这些爱好的探询，会帮助你了解应聘者是否只是把工作当成一种为了做其他事情的手段。这并不是说拥有需要花很多时间的爱好，就是不渴求成功、不追求上进的反映，也绝不是说你要找的人应该是在工作之外没有自己的兴趣爱好的人。但如果在应聘者长长的兴趣爱好清单上，有像极限滑雪、雪橇狗赛跑、追逐风暴、追逐鲨鱼、狩猎等项目，那就可能是个提醒，他有可能不会将团队需求置于个人追求之上。

“在十几岁时，你曾经努力工作过吗？”

寻找具体实例，通常是关于学生工作、体育运动或打工经历。当谈到体育运动时，参与和享受并不是关键。找找困难、奉献和艰苦的例子。我喜欢问应聘者在高中时代有过什么艰难的工作，他们是否真正地尽力做好？他们是否在学生时期打过工？他们是否在某种体育运动中非常艰苦地训练？你并非在寻找一个具体的答案，而是寻找可以展现他工作热情的东西。工作热情通常在一个人的早期生活中即已形成。

“你对总体的工作时间要求如何？”

勤奋努力的人通常不想朝九晚五地工作，除非他们的特殊生活状况要求如此。即使如此，他们也会常常在家里额外工作。有些人会因为没有前途、朝九晚五的工作而困扰，渴求跳出现状做些有挑战的工作。但是如果应聘者满足于朝九晚五按部就班的工作，并且常常谈论“平衡”，这可能就说明他在渴求品德方面，还有欠缺。这里强调一下，这个问题并不是渴求品德的试金石，只是探询渴求品德的一个方法。我没有任何置工作于家庭之上的意思。如果应聘者表现出投入了太多时间在他所期望的工作上时，他反而有可能不是你所需要的那种具有健康渴求品德的团队成员。

• 聪慧

通过提出一个具体的问题，就要了解一个人是否具有聪慧的品德是非常困难的。面试官要做的更为重要的是，在面试过程中观察应聘者在常态下的行为表现和如何回答问题。这也是为什么我建议将应聘者置于非传统的面试场景进行观察的重要原因。观察他们是如何与服务员、售货员和的士司机交流沟通的。在传统面试中，有些人经过演练就能够掩盖他们社交能力的缺陷，但在更长时间和动态、情景化的情况下，掩饰就变得很困难了。

尽管如此，还是有一些问题，可以帮助你了解一个人是否拥有聪慧品德的信息。

“你会如何描述自己的个性特征？”

着重探询应聘者如何准确地描述你正在考察的品德，观察他的内省能力如何。具有聪慧品德的人通常了解他们自己，并且感觉发现探讨他们自己行为上的优点和缺点是件有意思的事。那些对回答这个问题看上去颇感为难或感到吃惊的人，可能在与人交往中没有那么聪慧。

“在你个人生活中，你作什么事情可能会让他人感到厌烦？”

有些时候，人们经常会叨扰到他人，尤其是在家里，聪慧的人也不可避免。但是，聪慧的人却非常清楚他的什么行为会让他人厌烦，并且在工作中他们会调整这些行为。

“什么样的人最招你烦，你是如何与他们打交道的？”

你在这里探询的是应聘者的自我认知和自我控制能力。聪慧的人知道他们最讨厌的事是什么，并且他们也知道有些是他们自己的问题。他们也知道如何用富有成效和有建设性意义的方式与令人讨厌的人打交道。

“你的前同事会将你描述成一个富有同理心的人吗？”或者“你能给我举例说明你是如何对团队成员表达同理心的吗？”

有些人会对“同理心”这个词有些不同的理解，但我们提这个问题的关键，是考察应聘者是否理解他人的感受。当然，某些性格特质的人可能同理心会比他人少，但这并没有关系。你在这里探寻的是应聘者重视同理心的迹象，以及他是否具有了解自己在这个方面优缺点的能力。

或许面试官能够提出的最重要的、确定应聘者是否拥有聪慧品德的问题，就是他们问自己的一个问题：我想每天都和此人一起共事吗？具有聪慧品德的应聘者，总体上看起来是那种你通常愿意与他一起共度时光的人。当然单单有聪慧这一条，还不足以确定是否聘用他们，因为还需要考察他们是否具有谦卑和渴求品德。但是，在整个招聘过程中，寻找聪慧的人，肯定是一个需要面试官完成的任务。

3. 应聘者背景调查

除了面试之外，还有一些其他途径来获得关于应聘者是否是个理想的团队协作者的信息。其中之一，就是看似老套但很有效的针对应聘者的背景调查。

关于应聘者背景调查，很多人比我了解得多。当下社会中，由于存在太多的纠纷，导致人们自我保护意识严重，因此要在背景调查中获得你想要的、真实的信息并非易事。但是，如果不触犯法律，而只将其视为一种招聘工具，以确保未来你不会让自己的团队成员或应聘者痛苦，采用这个方法还是很有效的。以下是一些需要了解的背景调查的原则，这些原则也同样适用于面试。

• 让信息提供者放心

非常关键的一点是要让信息提供者没有感觉应聘者的未来掌握在他的手中。如果他认为他的言论会对应聘者的前途造成影响，将会促使他给出过于正向的不真实信息，或者，在多数情况下，他会小心谨慎并泛泛而谈。

你需要解释你的目的并不是简单地询问应聘者是否是个好员工，而是希望了解应聘者是否将会在目前面试的工作中得到发展与成长。换言之，邀请信息提供者作为一个咨询顾问，他的任务就是确保应聘者的个人品德与所应聘团队的价值观能够匹配，这样每个人都会受益。如果你得到的信息听起来有点不那么诚恳，或者信息提供者不那么配合，那么你所要做的就是描述应聘者即将加入团队的文化，并且向信息提供者咨询这个应聘者与之是否匹配，同时向他确保他并非是唯一提供信息的人并且你会对他所提供的一切慎重保密。

• 寻找具体信息

一开始可以让信息提供者给出 3 ~ 4 个最佳描述应聘者的形容词，这可能是谦卑、渴求或聪慧的很好的指标反映。接下来，花些时间询问一些具体的行为，以及与其他信息提供者所管理或共事的人相比，应聘者表现如何。问一些面试中问应聘者的问题，看看他们的回答与应聘者所说的匹配度如何。

• 关注有疑虑的领域

善用背景调查来探寻在面试中对应聘者的了解仍不清晰的地方。如果你对应聘者的谦卑和聪慧方面已经特别清楚，那在背景调查中就专门了解渴求品德。明智、有效地利用好背景调查时间，所提问题应该是关于为了探寻某个品德的具体行为，而非泛泛的评论。

• 对不回应的信息提供者更要关注

当信息提供者对你所提出的要求没有回应时，有可能他们对应聘者并不感兴趣。要记住，背景调查的名单是应聘者自己提供的。多数人都会非常兴奋地为前下属或同事提供积极正向的信息。当他们延迟或避免提供信息时，你需要关注是什么原因导致这样的问题。

• 询问“他人将会说什么”

就像你问应聘者他人会怎么评价他一样，向信息提供者提出同样的问题，问问他认为其他前同事会怎么评价应聘者。这将给他们有机会说出“我认为他工作非常努力勤奋，但是，有些同事不那么认为”这样的答案时，他们觉得自己没有在讲应聘者的坏话，同时，也让他们在分享一些重要信息上会变得更容易一些。

应用 2：评估现有员工

理想团队协作者模型的另一个非常重要的应用就是评估现在员工。评估之后，会有三种结果：(1) 确定员工是理想团队协作者；(2) 帮助员工提升，成为理想团队协作者；(3) 做出决定让员工离开。

幸好，谦卑、渴求和聪慧并不是与生俱来的品德，乐于拥有这些品德的人就能够拥有它们。领导者能够根据理想团队协作者模型来评估他们的员工，以便帮助他们识别需要改进的领域。为了他们自己，同时也为了团队，这是最好的结果。

在发生领导者与员工争议的情景时，还可以运用模型测评来确认争议的原因：是缺乏谦卑、渴求还是聪慧。如果团队成员不愿或者不能正视缺点，无论对员工还是领导者来说，离开也许是最佳的结果。

当团队领导者不能确定员工是否有意愿或有能力来改善、提升这三项品德时，该怎么办呢？我的做法和建议是宁求稳妥，小心谨慎并且持续与员工一起寻求改善与提升。为什么呢？因为我相信如果因为错误的判断而流失员工是个悲剧。这不仅给员工带来了不必要的痛苦经历，同时也会让团队失去一个潜在的、有价值的贡献者。

这里要说明的很重要的一点是，千万别误解我的建议，把它当成容忍那些不适合团队的人的借口。许多情况下，其实团队领导者完全知道员工真的不属于团队并且在其他地方会得发展更好，只是他们因为缺乏勇气，而没有采取果断行动。这种做法既不明智也不高尚，无论对团队、对员工本人都是不负责任的行为。我这里的建议只适用于领导者真的不确定员工是否具有提升和改变的潜质的情况。

那么，团队领导者该如何正确地评估员工的谦卑、渴求和聪慧品德呢？其实并没有一个简单、量化的诊断评估工具，但有一些行之有效的、可靠的、定性的方法可以利用。

1. 团队领导者对成员的评估

为了确定某个特定的员工是否具有谦卑、渴求和聪慧的品德，团队领导者有许多问题能够问问自己。以下是一些很好的问题。

谦卑

* 他会毫不犹豫地真诚地欣赏或赞扬团队伙伴吗？

* 当他出错时，他容易承认错误吗？

* 为了团队的利益，他愿意承接相对低端的工作任务吗？

* 他会乐于向其他人分享团队获得的荣誉吗？

* 他愿意承认自己的缺点吗？

* 他能够优雅从容地给予和接受反馈吗？

渴求

* 在他的工作中，他愿意做的比被要求的多吗？

* 他对团队的“使命”充满热情吗？

* 对于团队整体的成功，他会感觉是个人的责任吗？

* 在办公时间之外，他愿意付出更多时间开展并且思考工作吗？

* 必要的时候，他愿意并渴求接受单调冗长、富有挑战的任务吗？

* 在他的职责范围之外，他会寻求机会，付出贡献吗？

聪慧

* 在会议和人际交往中，他了解团队成员的感受吗？

* 他在团队中表现出同理心了吗？

* 他对团队成员的个人生活表现出兴趣吗？

* 他是个忠实的倾听者吗？

* 他意识到自己的言语和行为对团队中其他人所产生的影响吗？

* 他善于调整自己的行为和风格以适应谈话内容或维护关系吗？

理想的团队协作者几乎会对以上问题的任何一个都说“是的”。如果你不相信，那回头再看看这些问题并想象一下对于团队协作，哪个是不必要的或可选择的。请记住，我们寻找的是理想的团队协作者，而不是可以接受的团队成员。

使用这些问题的初衷并非给领导者提供一个定性或定量的指标来定义谦卑、渴求或聪慧品德，而是给他们的判断和直觉提供参考信息。在许多情况下，即使不需要做任何评估，把员工这三项品德在团队成员间进行一下对比，领导者都会有一种直觉。在这些情况下，评估可以作为检验那种直觉的有用工具。

2. 员工自我评估

我相信评估员工最有效的方法就是让他们做自我评估。当然，事实并非总是如此。那些非常缺乏聪慧品德的员工，甚至不会觉察到这一点。那些根本没有谦卑品德的员工通常也会缺乏自知来承认这一点。对于明显缺乏渴求品德的人会不认可他们对团队缺乏热情或承诺。

尽管如此，在正常的工作环境下，只要这个评估过程的目的在于提升和改进而不是惩罚，绝大部分的员工还是真正愿意承认自己的局限性的。自我评估可以使员工清楚认识到他们需要提升的方面从而主动承担责任，并最大限度地减少自我防御和拒绝的可能性，所以，这种方法是可取的。

让员工做好自我评估的最佳方式就是给他们提出明确的思考题，并鼓励他们诚实地回答这些问题。具有讽刺意味的是，就像在面试中一样，提问的最佳方式就是向员工提问他们的同事评价他们时将会说什么。这样的提问依然属于自我评估，但给予了他从他人视角观察自己行为的可能性。毕竟，一个理想的团队协作者不仅必须拥有正确的态度，同时也必须展现他人可以看到和理解的正确行为。

3. 员工自我评测

使用下面的计分方式来给每一个陈述中你自己在团队中的行动评分。尽可能诚实地回应，因为这将使你能够最准确地识别你应该改善、提升的方向。

计分方式：

3= 经常　　2= 有时　　1= 几乎没有

谦卑

我的团队同事将会说：

______1. 我会毫不犹豫地真诚地欣赏或赞美团队伙伴。

______2. 我容易承认错误。

______3. 为了团队的利益，我愿意从事相对低端的工作任务。

______4. 我非常高兴与人分享团队的成功。

______5. 我准备好了承认自己的缺点。

______6. 我能够优雅从容地给予和接受反馈。

______ 谦卑的总分

渴求

我的团队同事将会说：

______7. 在我的工作中，我会比被要求的做得更多。

______8. 我对团队的“使命”充满热情。

______9. 对于团队整体的成功，我会感觉是个人的责任。

______10. 在办公时间之外，我愿意付出更多时间开展并且思考工作。

______11. 必要的时候，我愿意并渴求接受单调冗长并富有挑战的任务。

______12. 在我的职责范围之外，我会寻求机会，付出贡献。

______ 渴求的总分

聪慧

我的团队同事将会说：

______13. 在会议和人际互动中，我了解团队成员的感受。

______14. 我在团队中表现出同理心。

______15. 我对团队成员的个人生活表现出兴趣。

______16. 我是个忠实的倾听者。

______17. 我意识到自己的言语和行为对团队中他人所产生的影响。

______18. 我善于调整自己的行为和风格以适应谈话内容或维护关系。

______ 聪慧的总分

得分：

记住，这个自我评测的目的是帮助你探索和评估你所具有的理想团队协作者三项品德的现状。“理想”的标准是很高的。一个理想团队协作者对这些评述的得分很少会低于“3”（通常）。

评测得分：

*18 分或者 17 分：表明这些品德是你潜在的优势。

*16 ~ 14 分：表明你很可能需要做些工作来提升这种品德，从而成为理想团队协作者。

*13 分或以下：表明你必须提升改进这种品德，以便成

为理想的团队协作者。

最后，请谨记这个工具是以数值来划分员工类型的，但员工真正所具备品德的程度及价值观，需要团队领导者在与团队成员进行的有建设意义的对话中去发现。不要太关注这个评测的得分，而要关注理想团队协作者模型本身的意义，以及对得分较低的具体行为陈述，这才是真正需要改进的方面。

• 一个温和的方法：自我品德排序

如果一个存在政治或比较敏感的团队或组织，使用以上评估有点偏激的话，还有一种较温和的方法。这就是让团队成员给自己具有的三项品德进行排序。他们感觉自己展现最好的品德排第一，接着第二，然后第三。这样可以使每个人都能说出自己相对的弱点，也不必承认自己的那个弱点到底弱到了什么程度。这种办法也可以为团队领导者和员工提供一个提升的起点。

• 同伴评价与同伴讨论

一般来讲，我并不是同伴评价的坚定支持者，至少不太支持那种正式的团队成员之间在纸上相互评估优势和弱点、然后解析评估结果的方式。我认为这个过程充满了潜在的误解、政治和不必要的痛苦。

但谈到谦卑、渴求或聪慧品德时，我却非常支持开展同伴评价。这是因为这些品德是非常个人化的，不能准确评估的代价可能是团队失去信任，这样的话代价就太高了。所以，无论如何都应该采用更好、更富有建设性的方法来帮助员工认识自己，并能够立即着手，改正自己的弱点。

除此以外，还有一个强有力的评估工具就是同伴讨论。团队成员们一起坐下来，让每个成员就展现谦卑、渴求和聪慧品德的行为进行交流讨论，同时也展现他们自己相对的弱点。同伴讨论是一个能够确保所做的一切会引起团队变化，并且团队成员之间将会互为教练、辅导彼此的非常强有力的方法。

应用 3：培养那些缺少一项或多项品德的员工

一旦团队领导者和团队成员，对自己三项品德方面的相对长处和弱点已经有了清晰的认识，提升、改进的流程就能开启了。在进入讨论之前，我们首先来看看以下这几个关键的问题。

• 制定改进计划的关键是什么？如果不奏效，你该做什么？

品德改进过程最重要也是通常会遗漏的部分，就是如果员工没有做他需要做的事情，领导者需要持续地“提醒”

他遵守他做出的改进承诺。没有承诺，提升改进将不会发生。

我知道这似乎很简单。那么，为什么经常团队领导者却做不到呢？因为不舒服。没有人喜欢连续 5 周告诉一个人他没有努力做到或没有用适当的社交方式与同事互动。尽管有些不愉快和感觉很怪，但是，这却是团队领导者必须做的。

当团队领导者接受了这个挑战，在一周又一周，比较痛苦的阶段之后，会有两种可能的结果发生。一种可能的结果是员工最后终于突破了自我，他决定不愿再听到这些提醒。他在有欠缺的品德方面实现了提升，谦卑，或者渴求，或者聪慧行为开始展现。当这种结果发生时，员工将会为团队领导者所做的一切，心存感激。

另一种可能的结果，就是员工最终发现谦卑，或者渴求，或者聪慧是他做不来的，于是，他决定自己离开。但愿，他在团队领导者的指引和祝福下离开，每个成员都能看出他的离职对他自己的职业生涯发展来说是最佳的选择。有时，他的自信度没有那么高，并且会一度怨恨团队领导者和团队成员。但不管怎样，他自己决定离开，还是一种不错的结果。

尽管少见，但第三种结果也会发生。在有些例子中，员工有可能决定容忍团队领导者对他的行为的持续提醒，不改变，也不主动离开。在这种情况下，为了团队协作，团队领导者可能有必要采取行动，劝他离开团队。对任何个人来讲，这通常都是个冗长又痛苦的过程。

有些人可能说：“嘿，我们公司一直在发生这种状况！”在许多公司，发生令人不愉快的解雇，甚至诉诸法律的案件的原因，就是因为团队领导者没有持续地提醒员工他们没有按照期待完成自己的工作，或者没有按照价值观行事。

比如说，团队领导者曾经提醒过员工，他需要变得对工作充满渴求，积极上进。但接下来却发现这位员工仍然在工作上磨磨叽叽，非常懈怠。而领导者不是选择再次提醒员工，而是向员工身边的人，最糟糕的情况是领导者向团队的其他成员抱怨该员工的行为。一旦这种情况持续几周或几个月，其间该领导者再时不时听到一些消极的评论或激烈的抱怨，于是领导者终于忍受不了了，做出了解雇这名员工的决定。如果是这样的情况，员工当然会觉得不能理解这样的决定了。

好吧，在团队领导者来看，他已经告诉过这个家伙他应该知道他没有对工作的渴求，不求上进。但在员工心中，则感觉只被告知了一次，或许两次，然后他就再没有听到过提醒、指正或抱怨了，所以他自我感觉一定做得还过得去了。发生这种情况的结果可能就是员工一纸诉状告到法庭，团队领导者很生气，员工很生气，团队领导者的老板也很生气。只有他们聘请的律师忙忙碌碌非常开心，团队则陷入混乱之中。

为了避免以上情况发生，我需要再次强调，团队领导者要做的就是持续地、重复地、善意地、持续地（是的，我说了两遍）让员工知道他需要在哪些方面做得更好。相信我，只要你持续这么做，最后的结果就只能是他要么变得更好，要么决定自己离开。如果团队领导者逃避自己的责任只告诉一次员工需要提升的地方，那么这种期待的结果就不可能发生，也不会发生。

• 理想的团队成员又如何？他们难道就不必继续提升了吗？

本节的大部分内容非常关注于帮助那些三项品德缺乏其一的人。但即使已经具有这三项品德的人，也仍然可以在生活中通过继续提升这三项品德而获益。因为他们渴求，所以他们会主动寻找继续提升改善的方法。

做到这一点的关键在于，团队中需要非常清晰地表明，持续对三项品德的提升要求并不是惩罚性的，同时也要清楚，团队成员某项品德略低并不意味着他就不是理想的团队协作者。即使拥有三项品德，也存在有的略高有的略低，这也说明他还有提升的空间。理想，在本书的解释中，并不意味着完美。

一旦每个人都能理解，继续提升三项品德是一种发展的机会，成员们提升欠缺品德的最佳方法就是让其他理想团队协作者担当教练的责任。想象一下，如果有些团队成员在谦卑上要比其他人更强一些，就让他们辅导那些希望在这个方面提升的人。对于渴求和聪慧亦是如此。每个理想的团队协作者都得到辅导或辅导他人的过程，不仅会提升团队中个体成员的品德，同时也会强化整个团队相互承诺和负责的氛围。

开展团队成员的自我改进提升，从使用本书上一节提供的三项品德的自我测评工具开始是个好的方法。理想的团队协作者一定会喜欢分析自己和相互反馈，从而持续改变他们的行为和提升他们的绩效。

接下来我们进入本章的核心内容，就是如何帮助在谦卑、渴求和聪慧上有欠缺的人在特定方面得到提升发展。作为团队成员，每个人都有他自己的弱点、个人性格和行为表现，所以其实并没有一个所有人都适合的最佳方法。即使如此，我仍然会推荐一些有用的方法，你可以根据你的情况，选择认为适用的方法。

• 发展谦卑品德

在三项品德中，发展自己谦卑的品德是最为敏感的话题，这也是为什么发展这种品德的过程在心理上感受最为微妙的原因。研究表明，缺乏谦卑通常与没有安全感相关。

其实，我们所有人都会在这个或那个方面存在不安全感。对于想提升发展这方面品德的人来讲，了解这一点非常重要，否则，他可能会感觉难为情或有压力、不知所措、不知如何开始。

对于大多数人来讲，缺乏安全感大多源于童年和家庭问题，而不是源于第一天工作或在团队中的表现。所以，如果团队领导者或教练能够带头展现出他自己是如何接受提升谦卑品德上的挑战的，那么，成员们则会更容易做到一些。

1. 识别根源

不需要太深入的心理分析或治疗，团队领导者或教练（或主动承担此任的成员）通过识别通常造成不安全感的因素，很简单就可以帮助成员达到显著放松的目的。通常造成不安全感的因素可能是因为缺乏父母的关爱，在职业生涯或个人生活中有过创伤的经历等。无论哪种状况，对于一个人来讲，向自己的领导和同事承认这一点，并承认这与谦卑品德的养成有关本身，对个人发展的帮助就极大。

有时与谦卑或其他品德有关的欠缺，可能源于员工的性格特征。比如，使用 MBTI 或 DISC 性格测试，就可能可以预测出哪种性格的人更容易会在谦卑方面有问题。指出这点会让员工感觉如释重负，因为这样客观的评价，能够让他认识到他并非坏人并且许多其他此类型的人也有相同的挑战。这也给了他更加客观的依据来向同事解释他在这方面的欠缺。当然，这并非借口，而只是对他自己愿意直面性格弱点的一种解释。

2. 暴露疗法

在识别和承认了造成谦卑问题的原因之后，缺乏谦卑的人就需要开展类似暴露疗法的行为培训。千万别因为听起来像临床诊断就对它产生反感。我这里所说的暴露疗法，其实就是让成员首先简单地表现得像谦卑，通过这样的简单表现，他们就能够取得进步。通过让成员有意识地强化自己赞美他人，有意识地承认自己的错误和弱点，给予周围同事、其他团队成员多一些关注，对方就能够逐渐体会到谦卑的魅力与影响。他们会突然体会到，关注和赞美他人并没有夺走自己的幸福感，反而会增加幸福感。毕竟，谦卑是所有品德的核心，也是最具影响力和最具魅力的。

我在此重申，首先从有意识地表现出谦卑行为开始，这一点既简单又重要。这种方法的核心，就是让员工有意识地展现他们出现问题的行为，以此体会和观察这样做产生的结果，加深他们对自己和对他人利益的理解。在改进自身行为中，一个行之有效的方法就是成员详细列出与需要提升领域相关的、自己期待达成的行为，然后，在一段时间内，跟踪自己行为的展现情况与频率。

有时，本着鼓励和核查验证的目的，让团队领导者参与这个过程对加速提升过程会有帮助。但是，最佳的方式就是让其他团队成员充当教练的角色，当期待的品德有所展现或缺乏时，及时提供鼓励和反馈。尽管这听上去有些老土或幼稚，但你不得不承认，没有什么比团队成员这样说更好的事情了："嘿，我真的感谢你最近一直的鼓励，你的关注真的让我感觉与众不同了。"我不相信谁听到了同事这样的反馈，还会放弃继续展现谦卑行为。

同样地，其他成员也会友善地说："嘿，我认为你又在自吹自擂了。你可是请求我们在观察到这个行为时让你知道，从而帮助到你的呀。"当整个团队一致认同帮助思想开放、积极要求进步的队友时，即使在像谦卑这样敏感的方面，所取得的进步也仍然会令人惊喜。

3. 领导者以身作则

团队成员谦卑品德发展的另一个重要方面，是要让成员知道，他的团队领导者非常重视谦卑品德的发展，并希望成员们尽力来展现它。即使团队领导者本身在此方面也有欠缺，但只要他勇于承认并表现出持续改进的意愿，就会大大鼓励成员做同样的事情。对于其他品德以及与工作相关的行为改进，亦是如此。

• 发展渴求品德

根据我的经验，在三项品德中，渴求是最不敏感的，这是个好消息。但坏消息就是这项品德也是最难改变与提升的。

尽管成员可能对其缺乏渴求的品德不予完全承认，但是，由于这可以从成员的行为上观察得到，还可以通过工具进行衡量，所以员工实际上很难一直否认自己的不足。通过对工作完成、绩效产出、计划与目标达成等进行评估，就不难看出一个成员可能比他的同事更加缺乏渴求的品德。

遗憾的是，即使成员自己意识到了这方面的问题，但如何确实让他变得更加渴求是非常困难的。请记住，这并不是单单增加他的业绩产出就可以的。有太多与目标设定和绩效管理相关的方法和工具，可以帮助成员达到提高绩效的目的。但我们这里所需要的是提高渴求这一品德，从而使员工积极主动地提高目标转化率，并且能够最终将超越目标的概念深植在脑海之中，而不用其他人更多地催促和提醒。

为什么让一个人变得更加渴求就这么难呢？我想这大概因为缺乏渴求的人有时候会由于价值观取向而选择于此，至少在特定团队具体情况下可能是这样的。换句话说，有些人比其他人在达成目标的渴求上追求更少是有好处的。更少的渴求，可能意味着更多的空闲时间，更少的责任，更多其他想做的活动，更多其他可以关注的地方，等等。这并非说喜欢这些事情的人是坏人，但通常来说，他确实是个不怎么样的团队成员。是的，我知道这说起来似乎不很中听，但却是事实。他们对追求工作目标的渴求会被工作之外的活动所牵引，许多风趣十足、才华横溢、和善友好的人在工作中并非卓越的团队成员，就是这个原因。

对比谦卑和聪慧，你会发现，不像有人会选择缺少渴求，没有人真正倾向于选择缺乏谦卑的品德，因为这将不可避免地为他自己或周围的人造成痛苦。只有最自大的人才会宣称缺乏谦卑会有好处。在内心深处，我们都知道被他人认为不谦卑会令人难受。

这个道理同样适用于聪慧品德。没有人会故意选择缺乏社交智慧或人际交往能力。不够聪慧的代价，从陷入令人尴尬境地到无意地触犯他人敏感地带，都会产生明显的后果，并且没有任何好处。

缺乏渴求，对于有些人来说确实是个人性格特点的意愿，或者有些人似乎更愿意选择一种超然和惯例化的生活方式，期待这些人在渴求上提升改善，并不能产生显著的回报。但并非所有人都是如此。很多人缺乏渴求，是因为工作中没有什么能够让他真心喜欢并愿意全身心参与的事情。

推进成员渴求品德的提升，最重要的是发现哪些人缺乏渴求的品德并享受其中，以及哪些人不是这样。然后，支持、帮助那些希望改变的人，同时也乐意为那些缺乏渴求品德并享受其中的人，推荐不那么需要渴求上进的人找到合适的工作。

4. 点燃成员对团队的热情

帮助他人拥有更多渴求品德的首要、同时也是最重要的一点，就是要找出需要完成的工作对成员自身利益的重要意义。除非做到了这一点，否则团队领导者不能期待在提升成员渴求品德方面有太多变化。

通常，员工在渴求方面存在问题的主要原因，在于他并不理解他所做工作会对他们的客户、供应商或其他成员造成什么影响。如果员工不能理解其工作的意义及对其他人造成的影响，而期待他变得敬业并积极地投入工作是不现实的。当然，对于那些无精打采、仅仅想保住工作的人，这种方法也不可能把他变成一个敬业渴求的人。

促进成员渴求品德的提升，最有效的方式是通过团队的力量。当一个渴求品德稍微欠缺、不太上进的成员听到他的同事描述他们工作的内在动力以及与团队使命之间的联系时，好的事情就很可能发生了。他可能会受到团队成员热情的感染，触发了自己的内在动力，或者即使他没有被感染与触动，他也许会认识到他对成员们在完成有激情的目标方面，可以提供帮助，甚至可以起到重要作用，从而一定程度上在渴求方面得到提高。只有一个真正的没有渴求品德的人会对给予他人帮助无动于衷。

5. 设定清晰的期望

另一个培养员工渴求品德的不可或缺的部分（假设他已经拥有了工作中所需要的工具和技能），就是为他们设定清晰的行为期望，然后让他们对这些期望负责。是的，听上去很可笑，但是对于那些没有多少渴求品德的人来讲，这又尤其关键。当然，为这些人设定绩效目标固然重要，但更为重要的是，一定要为他们设定明确的、你想看到他们展现的行为目标。

具体来说，团队领导者肯定都会为成员设定最基本的业绩目标，这也是成员保住这个工作的最低要求。即使一个没有渴求品德的员工通常也能满足这样的最低要求。但是，作为团队领导者，你需要告诉这样的成员，在完成基本业绩的同时，你期望他能够通过进一步提高他的工作业绩与产出，来帮助团队其他成员完成他们的卓越目标，这种期望，就意味着需要他承担更多责任、工作更长的时间（在他的生活状况下，假设有这种可能），或者提供更多的工作成果。

那些倾向于没有渴求、不求上进的员工，一旦你阐明了你的期望，他可能会马上反驳你，也可能在真的需要他对所要求的行为负责的时候反驳你。我这里需要再次强调的是，如果是这样，也意味着这个不求上进的人，会非常开心去一个不需要那么多渴求品德的地方工作。有很多地方很多工作并不要求员工具有太多的渴求品德。但是，一个期待改变并要求上进的人，一定会用坚定的决心，接受团队领导者或同事（教练）的辅导与帮助，以积极的内心渴望来回应团队对自己的清晰的期望。

6. 并不温柔的提醒

即使员工有强烈的、潜在的意愿成为具有渴求品德的人，但转变并不是一蹴而就的。懒散的习惯通常会有惯性，因此，需要花时间来打破这种懒散惯性。要想使这一切发生，团队领导者和团队成员需要克服沉默，当他们看到一个成员的行为需要改变时，要随时大声说出来。等到绩效回顾时或在每年 360° 反馈的评价中，再告诉他，他在帮助团队实现目标方面做得不够好，不仅不负责任，更是令人难以接受。

员工需要的是有人能够给他及时并且清晰的反馈，这样他能够迅速地消化痛苦并将其转化成做出改变的动力。这需要一遍又一遍的强调提醒，也许每天都需要，并且持续一段时间，直到行为发生改变。是的，帮助成员进行行为的改变，在初始阶段需要有技巧的鼓励、支持和耐心，否则，即使是具有良好意愿的团队成员都可能会最终放弃。另外，在许多个人发展的案例中也可以看出，帮助员工发展有时候也需要爱之深、责之切的严厉关爱。尽管多数领导者从理论上理解这点，但他们通常会要么不够严厉，要么不够慈爱，或者有时两者兼而有之。

7. 鼓励

鼓励是下一个显而易见但常常被忽视的方法。当一个没有渴求的员工开始展现渴求的迹象时，应该当众表扬他并且要求其他成员也这么做。他会有少许的尴尬吗？你想多了，他不会的！难道对其他人表现同样的行为很少表扬而单单对他的表现进行鼓励吗？是的，答案是肯定的。这是因为他发生了改变，比其他人更加需要鼓励，而团队成员们都知道这一点。这种刻意增加的鼓励和赞扬随着时间的流逝将会变得不再必要。但是，在渴求品德成为他行为中自然而然的一部分之前，仍然需要持续鼓励和赞扬。另外也请记住，那些谦卑或聪慧的人也需要更多的鼓励。不过，如果发生了某些成员对他们所得到的特别关注不满，你或许应该重新评估他们是否真正的谦卑。

8. 领导者以身作则

就像我在前面章节提到的，员工发展的另一个重要方面是知道他的团队领导是渴求的并且尽力而为来展现它。即使团队领导者在此品德方面也可能有欠缺之处，但他需要勇于承认并展现持续改进的意愿，这将会鼓励成员做同样的事情。

• 发展聪慧

从现实来讲，任何在这个方面有所缺乏的人，大都从内心希望能够得到提升、改进。所以说，帮助成员提升聪慧品德，改善人际关系能力，不会像促进谦卑品德的提高那么敏感，也不会像提升渴求品德那么困难。但是，聪慧品德的提升仍然具有挑战。

帮助成员在人际关系上变得更加智慧的关键，在于让他们知道这个方面的不足并非他们的本意。缺乏聪慧的成员并不想和他们的队友制造人际关系上的麻烦。他们只是没有掌握人际交往之间的技巧，不能敏感地意识到他们的言语和行为对他人产生的影响。如果这个人和他的伙伴认识到这一点，而且他在日常工作中能够不断得到提醒，那么帮助他变得更加聪慧的过程将会更加简单和有效。

如果团队成员们陷入了错误的信念，相信这个人是因为某种不可告人的动机而成为难缠的人，那么他们就可能开始对他产生不满，并且更为糟糕的是，对他人际交往上的问题采取回避态度并且不给予他所需要的提醒帮助。

9. 基本培训

在人际关系的聪慧方面有问题的人可以被比喻成一只宠物。先听我解释，其实我没有恶意。帮助不聪慧的人提升人际智慧，就像训练一只小狗，当他做了不聪慧的事情时，就应该用报纸在它的鼻子上迅速而充满爱意地拍打一下。当我说“迅速和充满爱意地”时，我是认真的。

要牢记的是，不聪慧的成员的意图并不坏。所以，在会议中你可能停下来说“嘿，鲍勃，作为会议的一部分，你应该为他的付出感谢他”或者“鲍勃，我告诉你这些是因为我知道你想知道，而不是因为我生你的气。虽然我对我的家庭状况有点难过，但如果你能够知道一些，对了解我会有所帮助”或者这个怎么样：“鲍勃，下次你和团队成员出现问题时，你最好别只是发个邮件，如果你的确想发，最好让其他人帮你在开始和结尾处润色一下，好让人看起来舒服一点。成员们昨晚的确很生气，但是我跟他们解释过了，你的初衷并非如此。”……

刚开始这么做的时候，也许你会感觉别扭，不过当你帮助员工成了自然，就不会有这种感觉了。如果成员的意愿是真诚地希望变得更好，那么你的帮助将会让他对你充满感激。他会为此感谢你。事实上，这样快速而充满爱意的提醒，也是团队成员之间建立幽默感和亲密关系的来源。毕竟，每个人的出发点都是好的。就像你训练的小狗会爱你一样，成员在聪慧方面得到提升，他也会因为你不必跟在他后面收拾残局而开心。

应用 4：将模型用于组织文化建设

我相信团队协作不是一种美德，而是一种选择。它是个战略性的决定和有意而为之的结果，也就是说，团队协作并非所有人都做得到。

话虽如此，我必须承认对我来讲很难想象哪家公司不想体验团队协作所带来的好处。但是，如果组织的领导者不愿为之付出时间和努力，而只是流于漫不经心的口号或休息室的海报，那么我们讨论理想团协作者的品德就没有什么意义了。

我这样说是因为如果领导者并没有真正的承诺建立团队协作的文化——那种吸引理想团队协作者的文化，那么这些领导者就不需要按照我以下的建议来做。我下面给出的一些方法，是希望帮助那些真正地关注团队协作、在乎理想团队成员谦卑、渴求和聪慧品德的组织，能够将理想团队协作者模型根植于企业文化之中。

1. 大胆展现，明确表达

相信团队协作至关重要，并且期待他的员工具有谦卑、渴求和聪慧品德的领导者，应该大胆站出来并将自己内心的期望明确讲出来。他应该将这种企业价值观告诉所有人——员工、供应商、合作伙伴、客户、潜在客户、潜在员工，所有人。

当然，领导者应该用恰当的方式来做。不能仅仅是泛泛而谈的广告，而是需要设定具体的期望。最关键的是还需要传达到整个组织、全部的团队、所有的人，明确地表达出，组织中每个人都要期待他们所共事的人要具有谦卑、渴求和聪慧的品德。

领导者不应太落于俗套。海报标语和T恤衫通常并不能解决问题。但无论他们做什么，都不应隐藏在推崇这三项品德上面的决心，并且对谦卑、渴求和聪慧的推崇与改进不能虎头蛇尾。毕竟，组织的客户、供应商、合作伙伴和员工，都会是组织未来寻找符合组织文化的理想团队成员，避免招入不想要的人的最佳营销渠道。

为什么没有很多组织非常明确地将团队协作作为企业文化呢？很多情况下，是因为很多组织没有真正地认识到团队协作的重要性，没有真正认真地在建设团队协作方面投入精力。他们对此并不重视，所以也不会执着或真诚地对待建设团队协作的问题。另外，有的组织是因为觉得团队协作有点老生常谈，不想遭遇被批守旧的尴尬，又或者，有的组织认为团队协作太简单了。

但是，你知道什么样的组织在建立有力的团队协作的企业文化方面更加坚定与执着吗？那些成功的组织。他们更加愿意来做这些看似简单或者可能引来竞争对手的愤世嫉俗或冷嘲热讽的事情。只需要问问西南航空、福乐鸡、丽思卡尔顿酒店或 REI（美国户外用品连锁机构），你就知道了。

2. 抓好典型，树立榜样

那些想创造谦卑、渴求和聪慧企业文化的领导者，应该持续地寻找展现这些品德的事例。当他们看到展现这些品德的典型时，他们应该树立榜样以便让每个人都看到。

生活中有太多这样的事情，当我们看到员工按照要求行事，我们大多不会对此做出什么反应，总认为按照标准行事是天经地义的。同时也为自己找借口说，对于按照标准行事就给予表扬，会不会让员工反而感觉尴尬。其实领导者要认识到，对于员工尚未将三项品德变成自己自然而然的行为之前，刻意的表扬和赞赏，不仅会强化那个员工的行为与持续的行为展现，同时也能够强化其他人这方面的行为。

当看到利于团队协作的简单行为时，卓越的团队领导者不会忽略，他会大声说出并给予赞扬。他公开认可谦卑、渴求和聪慧的行为，不是要显得他们自己经验丰富或聪慧绝顶，而是因为他们希望让团队中每个人都知道，他期待和欣赏的具体行为是什么。

我发现，在许多情况下，团队领导者很大程度上低估了对员工进行赞扬和表示赞同所带来的影响。很多团队领导者会花数周时间来调整年终奖励的计算，设计某些福利体系，因为他们相信员工是会为钱而工作，但是他们通常忽视了在会议中停顿一下，说“嘿，这是个展现了渴求品德的绝佳例子，我们都应该学习效仿”。

我并不是说薪酬福利无关紧要。但是如果我们希望创建谦卑、渴求和聪慧的企业文化，最佳的方式就是持续地寻找展现这些品德的人并且当众表扬，树立榜样。不需要有气球、糕点或塑料刀叉，只要真诚的、就在当下的、及时地感激和欣赏。

3. 明察秋毫，敢于指正

最后一个简单的、将谦卑、渴求和聪慧的理想团队协作者模型根植于组织文化的步骤，就是每个家长或教练都会告诉你的至关重要的事情（即使对他们来讲，实践起来也困难重重）。这就是，当你看到有人违反了这三项品德时，花些时间让违反者知道他的行为出格了。别只在铸成大错的情况下才这么做。通常，小小的违规对员工来讲更难以自我察觉，他们也能从你及时的指正中学到更多东西。

当然，做好这些需要技巧和良好的判断。小错太严苛或大错太温柔本身就会制造出问题。明察秋毫的关键，是领导者和团队成员不能浪费了提供鲜活的建设性学习的机会。卓越的企业文化应该能够适当包容某些行为，卓越的团队应该能够迅速并得体地指正违背谦卑、渴求和聪慧品德的行为。

理想团队协作者模型
与《团队协作的五大障碍》有效结合

有些已经读过《团队协作的五大障碍》的朋友可能在想那本书和那个模型如何与这本书的内容有机结合。还有些读过此书，甚至参与过团队协作的五种障碍模型咨询和培训的读者也可能好奇，是否理想团队成员模型能够改进他们之前所做的项目。

我很高兴地说：这两个模型是相互补充的。接下来，看看它们是怎么做到的。

首先，《团队协作的五大障碍》这本书、线上团队测评和其他相关产品聚焦于一个团队如何必须一起互动，从而变成一个高黏性的协作团队。此书则聚焦于个体的团队成员，以及使他能够克服导致团队障碍的品德。

比如，一个谦卑的人在展示脆弱性方面要比一个傲慢自负、缺乏安全感和自大自满的人要好得多。同样，因为知道如何解读并理解队友，并且适当地调整语言和行为，一个在聪慧方面持续改进的人在参与富有成效的冲突方面更加容易。

换言之，理想的团队协作者是关于团队个体成员的发展，而团队协作的五种障碍则关注于团队动力，从而使得团队一起合作，达成目标。

第二，任何已经在团队协作的五种障碍模型上投入时间和精力的团队都能够将谦卑、渴求和聪慧作为一个基准调整点。我们发现有些团队在克服障碍的过程中碰了壁。很多情况下，通过使团队成员在可能阻碍他们个人发展的品德深入探索，团队才能够有所突破。

正如汽油十足的赛车引擎一样，一点添加剂能够让它跑得更有效，使运动的部件更润滑，使燃料更易燃。(好吧，我的汽车知识仅限于此，但是你可能已经明白了我想表达的意思)。当团队成员提升他们在谦卑、渴求和聪慧方面的品德时，他们会经常性地在克服团队协作的五种障碍方面取得更大进步。

最后，此书展现的理想团队协作者模型和工具，使给团队成员在互相坦诚示弱方面提供了另一个机会。通过坐下来并承认他们的优点和缺点——记住，领导者应该总是在先——团队能够在成员之间发展更深层次的信任，这会使得掌握冲突、做出承诺、担当负责和关注结果更加容易达成。

团队协作的五大障碍

忽视……**结果**

逃避……**责任**

缺乏……**承诺**

惧怕……**冲突**

缺少……**信任**

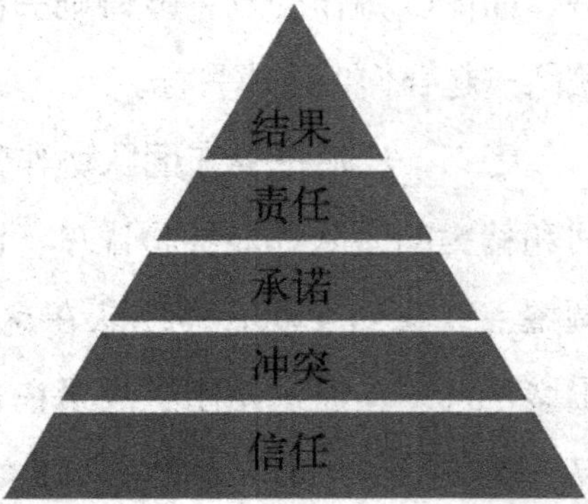

 # 1: 缺少信任

担心在团队成员面前展示脆弱性会阻碍团队内部信任的建立。

 # 2: 惧怕冲突

维持表面上一团和气的渴望会扼杀富有成效的、思想意识冲突的产生。

 # 3: 缺乏承诺

缺乏清晰度和/或担心出错会阻碍团队成员用明确的方式及时做出决策。

 # 4: 逃避责任

避免造成人际关系之间的不舒服的需求会阻碍团队成

员对其行为互相担当责任。

 # 5: 忽视结果

对个人荣誉的渴望会削弱对共同成果的关注。

更多关于模型或任何与团队协作的五大障碍相关的信息，请参看我们的网站：www.tablegroup.com.

最后的一点想法——超越团队之外

在过去 20 年中，我越来越清晰谦卑、渴求和聪慧在团队之外也同样适用。一个拥有谦卑、渴求和聪慧的伴侣、父母、朋友或邻居将会成为更加高效、激励人心和魅力非凡的人———个吸引他人并更好地服务他人的人。

但是我必须承认除了其他两个品德之外，谦卑可以独树一帜。事实上，它是所有品德中最伟大的，也是圣经中所描述的所有罪孽的根源——骄傲的对立面。在人类历史上能够发现的许多为人谦卑、博爱分享榜样。

所以，我希望本书的读者还有另外一个收获并将其运用到自己的生活中，那就是：对谦卑这个真正的礼物以及这项品德的神圣起源的感激和欣赏。

更多资源

如果你希望获得更多关于理想团队协作者模型的信息，请访问我们的网站：www.tablegroup.com/idealteamplayer.

你将发现下面的信息：

- 视频片段
- 员工自我评估
- 管理者评估
- 相关文章
- 模型图标
- 作者问答
- 其他工具和资料

如果你希望有人帮助你运用实施本书中的概念，请通过拨打 925-299-9700，或者访问 www.tablegroup.com 联系我们圆桌集团。

致谢

我想感谢我迷人的妻子劳拉以及四个可爱的儿子——马修、康纳、凯西和迈克尔，给了我足够的时间和空间来写书。感谢我在圆桌集团的同事——艾米、特雷西、凯伦、杰夫、琳恩、杰基、基姆、科迪和达尼——鲜活地践行着谦卑、渴求和聪慧这些品德。

感谢我超级棒的经纪人——吉姆·莱文，为你关于理想团队协作者模型的承诺和洞见。感谢所有在 Wiley 工作的出色的成员，为这么多年来对我和圆桌集团的合作和承诺。

我想感谢在全球所有的咨询顾问，为他们致力于帮助客户使组织健康成为现实。并且我非常感恩所有对组织健康感兴趣的客户，是他们信任我们提供的产品和服务。

特别感谢我在 ViNE 的朋友和神奇教区运动，以及在洛杉矶的加尔默罗修女会和分布在全美国的牧师朋友，为你们的祈祷和支持。感谢马修·凯利提醒我写这本书。

感谢我的妈妈，为您每日的祷告和关心，我非常感恩。

作者作品介绍

《优势》(The Advantage)

组织最重要的竞争优势是什么？优秀的策略、快速的创新还是聪明的员工？畅销书《团队协作的五大障碍》作者帕特里克在本书中会告诉你答案：组织健康。他将 20 年的写作、

现场研究和为世界知名组织的高管提供咨询的经验进行了总结，将真实的故事、轶事与可行的建议结合起来，创作了本书。作者以通俗易懂的语言证明了在一个组织中实现巨大进步的最佳途径莫过于消除功能障碍、政治和混乱的根源。

《CEO 的五大诱惑》(The Five Temptations of a CEO)

故事的主人公安德鲁升任 CEO 一年以来，业绩平平，相比之下，他的精神状态更加困扰他。他在地铁上碰到的古怪老人查理，主动过来跟他聊天，帮他找到精神困扰的原因，就是

CEO 的五大诱惑。三年以后，安德鲁的公司取得了惊人的变化。

本书的前半部是一部精彩的商业小说，神秘、流畅、悬念迭出；后半部分是专业的模式诊断，深刻、犀利、论述周详。这种深具兰西奥尼特色的写作方式已经在商业管理图书中大获成功。几乎每个领导人都可以从小说中找到自己的影子，同时在专业的模式分析中找到失误的深层原因和应对策略。

《CEO 的四大迷思》(The Four Obsessions of an Extraordinary Executive)

在许多方面都很相像的两个 CEO——都是当地一流的技术咨询公司的 CEO，同期就读于同一所学校的同一学院，都是讨人喜欢的体面男人——他们所带领的公司的情况却几乎天壤之别：一个被商业报纸视为至爱，行业分析师总是奉承巴结，客户对它赞不绝口、不离不弃，优秀人才趋之若鹜，而另一个的情况却截然相反，以至于外部顾问都认为这两家公司相同点之少，使人极难进行比较。造成这一切的原因

在于，前者的 CEO 掌握了打造健康组织的秘诀：健全组织的四项行动准则！

本书的前半部分是一部精彩的商业小说，充满魅力，极富启发性；后半部分是关于团队建设的专业剖析。书中关于四大行动准则的精准分析，为创立健康的组织提供了一幅清晰的路线图。遵循这个简单的方法，你的企业会变得士气高昂、创造力超强，还能降低不必要的人员流动率和招聘费用，成为一个极具吸引力的高效组织。

《打破部门壁垒》(Silos, Politics and Turf Wars)

故事的主角裘德·卡森，是个年轻而冲劲十足的管理顾问。在和客户交流的过程中，裘德意识到一个普遍存在而又非常棘手的问题，即公司部门间的扯皮和内耗。在费尽辛苦、出尽洋相之后，裘德终于找到了一种简单实用的解决办法，把杂乱无章的部门间争斗转化为高效的团队合作。

本书的前半部分是一部精彩的商业小说，风趣地探讨了形成办公室政治的部门间的壁垒问题，后半部分是关于部门争斗问题的理论总结，包括理论模型、案例研究与解决办法等。兰西奥尼的商业寓言不但读起来引人入胜，而且颇具实用价值，相信凡是对部门之间扯皮和办公室政治有所体会的人都会从本书中获益良多。

《理想的团队成员》(The Ideal Team Player)

从事高科技行业的杰夫决定离开充满压力和交通堵塞的生活，离开硅谷去纳帕谷接手叔父的建筑公司。上任后，他急于恢复公司团队文化，致力于打造更有效的高水平团队。在这个过程中，他认识到一个理想的团队成员应该具有三个不可或缺的品德，通过这些品德来形成公司的文化，才能拯救这个公司。为此，他必须面对失去一些有能力而不太懂得如何进行团队协作的员工，并说服他偏激的运营副总裁，而不是在短期业务的压力下降低公司的招聘标准。

在故事之外，作者提出了一种实用的框架和可操作的工具，用以识别和发展理想的团队成员。无论你是一个领导者，试图创建团队协作精神，还是一个想要提高自己的团队成员，你都将从本书中获益良多。

以上图书中译版将由电子工业出版社出版，各大新华书店及当当、亚马逊、京东等网上书店均有售。

培训与咨询

克服团队协作的五种障碍导师认证课（第 2 版）
电子工业出版社世纪畅优公司获得美国 Table Group
独家授权举办 Table Group 资深顾问导师亲临执教

为企业打造具有高凝聚力的卓越团队，为组织进行健康诊断，通过强化清晰度提高竞争力，这一切都需要在世界一流导师的培训下，通过学习与演练，获得权威的认证许可，提升培训与咨询能力，为组织创造更大的价值。

克服团队协作的五种障碍工作坊（第 2 版）
Overcoming the Five Dysfunctions of a Team

工作坊目标：致力于帮助企业建立高绩效的领导团队，极大地提高团队凝聚力与执行力，为提升组织健康打下基础。

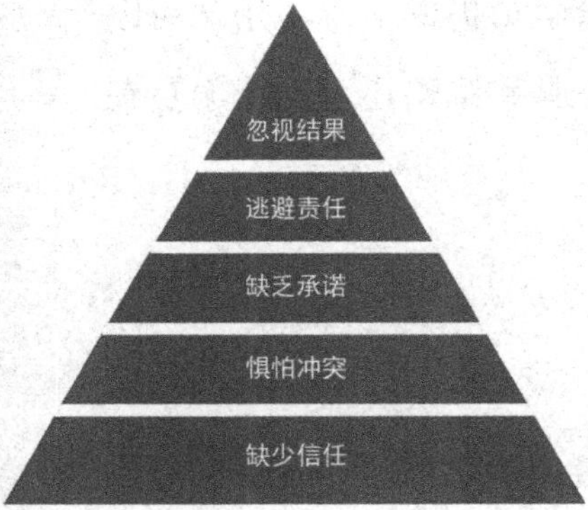

一、真实领导团队工作坊

面向组织中一个真实的领导团队开展。在真实领导团队工作坊中，设计了高度实操型团队测评、团队现状分析以及增进真实领导团队协作性的活动练习，能够真正帮助领导团队就团队使命、团队协作原则达成共识，朝向成为一个高凝聚团队的目标迈出一大步。

二、领导者工作坊

面向组织中来自不同团队的领导开展。在团队领导工作坊中，将以提升领导者团队领导力为目标，学习如何通过运用“克服团队协作五种障碍”模型来提升他们自己所带领团队的凝聚力、团队协作的高效性以及目标达成的执行力。

两个互动性很强的工作坊给学员提供了既实用又可以立刻见效的工具和策略，这些工具和策略还可以让学员在今后的工作中持续应用。

组织健康是组织唯一的竞争优势

Organization Health Is a Unique Competitive Advantage

打造组织健康的真实领导团队工作坊，是组织迈向健康的最理想起点。贯彻咨询项目是提升组织健康的有效保障。

一、真实领导团队工作坊

领导团队工作坊针对团队领导及他的直接下属设计，具有高互动性、快速推进的特点。开展工作坊能够使以组织领导为首的领导团队有机会对其组织的健康度进行评估，建立领导团队黏性，并识别能够最大化组织优势的特定行动。

在工作坊期间，领导团队将深入学习兰西奥尼畅销书《优势》《团队协作的五大障碍》中的基本概念，并学习如何将这些理论概念付诸实践。两天的工作坊中，包括简短的讲解、实践活动的演练，以及为了落实组织健康四原则，针对参加工作坊的特定领导团队及组织自身开展的定制化的研讨。

工作坊中的团队活动与研讨，都针对参加工作坊的领导团队所在组织的真实商业活动而展开，工作坊参与者不会感觉他们仅仅是学习一种理论，或者感觉学习与工作不相干。

二、提升组织健康贯彻性咨询项目

在健康的组织中，领导团队团结协作，不存在办公室政治与混乱，整个组织都为了组织共同的目标而工作。

基于兰西尼奥的畅销书《优势》中的模型，咨询项目通过以下三个阶段，帮助组织定制化地设计出符合自身现状打造组织健康的行动路径，并保证所给出的行动路径可以在组织内长期确立并采用。

阶段一：建立富有凝聚力的领导团队并打造组织清晰度。

阶段二：反复充分沟通组织清晰度。

阶段三：强化组织清晰度。

反侵权盗版声明